*Imagen extraída de facebook, de autor desconocido.

Juan Carlos Vicente Casado
Ramón de Fussimanya

La crisis de los borregos

Revisión 1 – 31 de enero de 2013

© Juan Carlos Vicente Casado y Ramón de Fussimanya, 2013

ISBN: 978-1-291-30496-1

Hemos comprado mierda a precio de oro
(Un cicloturista desconocido)

La suerte de toda la humanidad está en manos de tontos
(King Crimson, Epitaph)

ÍNDICE

BORREGOS

Juan Carlos Vicente Casado

> *La conversión del dinero en un dios es el origen, y la creación de una religión en torno al capitalismo es la consecuencia. Al capitalismo le distingue el principio de responsabilidad limitada, según el cual yo creo una empresa o un banco, me enriquezco y cuando empiezo a perder dinero, no lo pierdo yo, lo pierde esa empresa que no existe. El capitalismo necesita hacer a la gente partícipe de su pecado, necesita que la gente se entregue a la avaricia.*
>
> *(Juan Manuel de Prada, 8 de enero de 2013).*

Esto es... Ejpaña. Una sociedad en la que se adora al falso dios del consumo y se siguen los dictados de sus apóstoles, individuos que, siguiendo los dictados de las biblias del depretalismo (aka neoliberalismo) y los principios de las todopoderosas multinacionales, reúnen a sus acólitos en grandes templos donde los fieles hacen donación de sus bienes económicos a cambio de símbolos de una felicidad aún más simbólica.

El dios del consumo no viene de ahora. La primera referencia que yo recuerdo aparece en la Biblia, donde lo señalan como un becerro de oro. Es una religión antigua que ha sabido adaptarse al devenir de los tiempos, y que especialmente desde la segunda mitad del siglo XX goza de un auge sin precedentes habiéndose extendido por todos los rincones del planeta.

A los seguidores de Jesucristo se les llama cristianos y a los que siguen los dictados de la Iglesia Católica se les conoce como católicos. Siento la tentación de llamar borregos a los adoradores del becerro de oro. ¿Por qué no? Son muchos, hacen todos lo mismo, se dejan llevar por el pastor y adoran a un becerro. Borregos, sin duda alguna.

Un borrego es un individuo con dificultad para trazar metas y planes o para llevarlos a la práctica, de tal modo que tiene que recurrir a un contexto de apoyo, como los dictados de la moda o de los gurús de sectas de tal o cual tipo. La incapacidad para trazar metas y planes hace que tenga dificultades para regular su comportamiento y admitir sus errores, lo que le convierte en persona de convivencia difícil.

Uno es borrego porque necesita apoyarse en las organizaciones del medio social que, desde una perspectiva hedonista más o menos camuflada, hacen del consumo su principio básico. De hecho no es del todo cierto que sean incapaces de trazar planes: Son auténticos expertos en planificar una vida vacía para que sólo pueda llenarse consumiendo.

Parece que se metieron en un molde y salieron casi todos iguales, pero no libres de tara. Debieron fabricarlos deprisa y corriendo y así les salió el asunto.

Estéticamente son muy parecidos. La moda impone que compren la ropa, los complementos, los adornos y hasta la comida en los mismos sitios. Hay que estar "fashion", ser guays, y huir de que se les considere frikis. Necesitan de consumir, son incapaces de disfrutar de una puesta de sol a no ser que sea en el marco de un viaje con cuantos más kilómetros mejor, de salir a la calle sin la tarjeta de crédito y de plantear una solución creativa a sus problemas si no es adquiriendo el producto milagroso que lo solucione todo.

El mejor momento para detectarlos se da en sus fiestas religiosas, ya que siguen a rajatabla el dictado de santificarlas acudiendo al santuario todos los días, y especialmente los señalados. El momento álgido del año siempre han sido las Navidades, días de celebración cristiana en los que las personas tienden a reunirse para recordar que no merece la pena complicarse la vida ni crearse problemas por cuestiones de estatus o de apariencia. El advenimiento de los borregos al poder de la mano de su capacidad para adquirir bienes y servicios las ha dotado de un significado mucho más actual y de un sentido que agradecen sobremanera todos esos mercaderes que tanto se benefician del asunto.

Son fashion

Hay muchas tribus de borregos y todas ellas imponen unas reglas en cuanto a la apariencia. Cuando tienen mucho dinero se apuntan a lo que ellos llaman lujo: Yates, palacios, viajes y alojamientos en hoteles megaestrellados junto a gasto imparable. Este estilo de vida impone un modo de vestir característico en el que buscan ser únicos mediante la apariencia y las acciones sin darse cuenta de que acaban siendo un calco los unos de los otros.

Turistean más que viajan

Una tristemente célebre agencia de viajes por internet popularizó hace no tanto el eslogan "hay que viajar más". Claro que hay que viajar más, pero eso hay que hacérselo saber a los que vienen de fuera: el turismo es, sobre todo, una fuente de ingresos y se trata de captar dinero nuevo, no de fagocitar el que nosotros mismos generamos.

Hay muchas formas de viajar. Una de ellas supone conocer lugares, visitarlos con calma, permanecer tiempo allí, integrarse en el tejido social, acceder a las costumbres y ritos de las gentes del sitio y contemplar su lado oscuro. La otra, la que está de moda actualmente, consiste en ir de turista.

¿Dónde nació la visión turística actual? Podemos remontarnos históricamente a las películas de Alfredo Landa y sus visitas a Marbella, Benidorm y similares, al mito de la sueca gigantesca y al deseo del españolito de a pie, que en aquel momento no podía pagárselo, de visitar aquel mundo de lujuria y desenfreno. Allá por los años 60 Benidorm era un sueño inalcanzable para casi todos pero para los borregos de hoy es un lugar cutre donde van los muertos de hambre. Al igual que ocurría con la vestimenta, hay que ser originales y viajar a destinos lejanos, a lugares donde uno se sienta Marco Polo porque ninguno de sus amigos ha hollado aquellas tierras. Pero nada de ir a la aventura, no. Lo suyo es ir en viaje organizado.

Ir de turista es de borregos. Uno ni se integra en la comunidad ni conoce el lugar ni nada que se le parezca. Como quiere ir al mayor número de sitios posible hace viajes relámpago de uno, dos o diez días y se hospeda en un hotel situado en una zona en la que lo más parecido a un lugareño que ve es el camarero que le sirve los daiquiris llegando a la errónea conclusión de que todos los paisanos van vestidos con camisa blanca arrugada y corbata negra. Eso sí, la tarjeta de crédito tiene que echar humo porque hay que llevar regalos que demuestren el poder adquisitivo y lo lejos que estuvieron. Deberían hacer tazones con la leyenda: "Yo estuve en Bali y tú no... jódete".

Se desplazan aparentando

Viajar es ir a la agencia con el dinerito de plástico bien asentado en la cartera y elegir un lugar de destino al que no haya ido nadie conocido para poder después impresionarles con narraciones, fotos y videos. Otra forma de hacerlo es desplazarse sin motivo aparente (suponiendo que los viajes de agencia a todo trapo tengan algún motivo).

Todo ser humano anhela ser libre y esta necesidad es más acuciante en los borregos que en el resto. Entienden que ser libre es poder hacer lo que a uno le da la gana y por eso la disponibilidad para ir a otros sitios sin tener que recurrir a la pequeña esclavitud que supone la agencia de viajes también se valora mucho. Con un coche pueden ir adonde quieran, parar en el lugar que necesiten, cobijarse de la lluvia, el viento y el frío, y hasta darse un revolcón con la pareja si es menester. El vehículo acaba convirtiéndose en insustituible, en el reemplazo de su casa o del hotel al que tienen que ir cuando llegan a su destino. Les permite sentirse seguros y protegidos, como ocurre en los parques temáticos.

Pero el coche es mucho más que un medio de transporte y un refugio. Es también un artículo de ostentación, un medio más para demostrar a los demás que se está varios niveles por encima. Cuantos más caballos, más extras y más exclusivo dentro (y fuera) de las posibilidades económicas mejor. Tiene que ser distinto, tener una pintura de mayor calidad, incorporar aquella función que los ingenieros de la marca acaban de diseñar y que cuando has empleado en una o dos ocasiones te das cuenta de que no sirve para nada. El coche, como la casa, es un símbolo de poder, posición y seguridad.

En los últimos años antes del boom de la burbuja inmobiliaria, cuando un utilitario costaba veinticinco mil euros, las motos se convirtieron en un nuevo símbolo del lujo. Se llegaban a pagar por ellas cantidades muy próximas a las que costaba un automóvil y se llevaron por delante un buen número de vidas porque cayeron en manos de incautos que creyéndose todopoderosos e invulnerables se atrevían a pasar las curvas a ciento sesenta kilómetros por hora. Estos artilugios de 600, de 1.000, de 1.500 centímetros cúbicos o los que fueran sirvieron para demostrar al resto del mundo la bonanza económica de que gozaba su propietario porque, ¿cómo, si no te sobrase el dinero, te ibas a gastar diez mil euros en un artilugio que usas cuatro meses al año?

Y la cosa no quedaba sólo en la moto. De repente, y para llenar el tiempo, a los borregos les dio por hacer deportes. Descubrieron con delectación que la ropa y el material deportivo podían ser elitistamente caros y que de esa forma podían demostrar aún más estatus. Un ejemplo típico ha sido el auge imparable del esquí en las estaciones invernales preparadas para la ocasión o el surgimiento de la fibra de carbono en la fabricación de las bicicletas. Mientras el esquí continúa entrando dentro de la categoría de los viajes organizados, la fibra de carbono (hilos pegados con un pegamento especial que los hace muy resistentes y ligeros) es el gran invento de la ultramodernidad borreguera para sacarnos los cuartos.

Gracias a la fibra de carbono a algunos les parece que pagar diez mil euros por una bicicleta que pesa algo menos de siete kilos es una buena compra, o que tres mil euros euros por una algo más pesada (pero poco) es casi un chollo. Movidos por el afán de superación (de superar al vecino) y por la publicidad de los medios de comunicación de masas, han acabado asumiendo que un conjunto de hilos pegados en no sé qué direcciones y adornados con otras cuantas piezas de más hilos y pegamento pero a los que hay que dar pedales para que se muevan, es una buena inversión. Quizás les haya entrado la fiebre del ahorro y hayan pensado que en lo que pedalean se lo ahorran de gasolina, pero me temo mucho que no es así.

Desplazarse es uno de los vicios favoritos de los borregos. Pero no desplazarse para conocer mundo, gentes, costumbres. Desplazarse de turista, en costosos viajes organizados, en costosos coches, motos o bicicletas, durmiendo en costosos hoteles y recopilando todo tipo de fotografías, videos y regalos a mala leche. Comprar para alardear.

Tienen casas muy particulares, algunas con patio y todo

¿Y qué decir del lugar donde viven? Si los centros comerciales son los templos del consumo, las casas de los borregos son el centro de la ostentación, el lugar donde se ejerce el consumismo más atroz. Nunca están satisfechos con su tamaño ni con la decoración ni con los materiales que la componen. Se empeñan hasta las cejas para conseguir la más grande, mejor situada, más iluminada, con más metros de terraza o de jardín, más alta y más ostentosa. Cuando la tienen le llega el turno al mobiliario: Al igual que la ropa que les viste ha de ser exclusiva y preparada para la acción de impresionar con él al resto del personal. Y cuando pasa un poco de tiempo comienza una espiral de reformas que parecen no tener fin. Primero cae la pintura de las paredes, después alfombras, cortinas, todo tipo de menaje, muebles, material del suelo, diseño de los baños, etc. La cosa es estar siempre comprando.

Si el perro es el reflejo del amo, la ostentación de la casa es el reflejo de la miseria de sus propietarios. Visten la casa como se visten a ellos mismos y desechan la casa como desechan la ropa que apenas se pusieron, pero no importa. La cuestión es seguir demostrando a los demás e intentar demostrarse a sí mismos que han llegado a ser alguien en este mundo.

Hacen como que trabajan

Trabajar es lo más absurdo que hay, el trabajo es una cosa buena, no hay que ser egoísta y sí dejarlo para los demás. Claro que una cosa es trabajar y otra cosa aparentar hacerlo. Los borregos no tienen ningún interés por ejercer ninguna actividad que pueda suponer un beneficio para la humanidad, la comunidad en la que viven o para su familia más cercana. Lo que realmente les interesa es conseguir adquirir notoriedad, que se les vea, que se les considere, que el mundo se entere de que son más que los demás.

El trabajo ha de ser bien visto socialmente, adecuadamente retribuido (nos sorprenderíamos de lo que ellos consideran adecuado) y tener un alto grado de responsabilidad aparente que en realidad siempre asumen las espaldas de otros.

Las comiditas mejor fuera, y pregonadas

Comer en casa es lo más absurdo que hay. ¿A quién se le puede ocurrir comerse un cocido si no es madrileño, un plato de lentejas con chorizo o unas sopas de ajo? ¡No, hombre! ¡Eso no es fashion! ¿Se le ocurriría al gran gurú de la cocina ponernos en su restaurante de cuatro tenedores unas lentejas con chorizo? Qué cutre.

Un borrego tiene que comer en el restaurante. Tienen que cocinar para él, y no cualquiera sino un chef de reconocido prestigio, o quizás un cocinero anónimo siempre y cuando el salón tenga el lujo que el ilustre visitante se merece y las mejores vistas posibles del entorno. A esos centros no se va a comer, sino a mostrar la categoría social de uno. Los pobres van al burguer, los mediocres al restaurante chino. Se permite ir a un asiático, un japonés, un italiano o todos esos que nos ponen un plato descomunal y nos llenan el hondón con algo que no se sabe lo que es pero tratado con ingredientes misteriosos que le dan un sabor exótico y nos hacen candidatos al cáncer de páncreas.

Santifican las fiestas yendo al centro comercial

Templos del consumo. Lugares donde se concentra todo lo que un ser humano puede desear. Desde el lujo de los centros de El Corte Inglés a la funcionalidad del Ikea o la abundancia electrónica del Media Market, son los lugares idóneos para pasar la tarde del sábado cuando uno no puede viajar. Allí hay gente, todo está protegido y los carros hacen que la ardua tarea de transportar todos esos objetos tan necesarios que hay que comprarlos por docenas sea algo llevadero.

No es concebible pasar un sábado lejos del centro comercial si no es por un viaje o por una visita al restaurante del gran chef de los contornos. Allí hay cines, hay restaurantes, tiendas de ropa de Zara o Mango, ascensores, escaleras mecánicas y hasta cajeros automáticos por si no funcionase la tarjeta de crédito. Son el paraíso del borrego.

Se emocionan en los parques temáticos

Un lujo asiático. Si el centro comercial es el templo del consumo, el parque temático es la fuente de sensaciones y emociones por antonomasia. Hay que viajar para llegar hasta allí, dejar el coche en un megaparking, comprar agua y bebidas cada poco, ir a comer a un restaurante, visitar tiendas mucho más caras que todas las de los contornos, montar en atracciones increíbles donde se desafía a la fuerza de la gravedad y a la capacidad de tu estómago de arrojar el vómito a distancias cada vez mayores, y asistir a espectáculos que son propios y privativos de aquel lugar. Por supuesto, y como no podía ser de otra manera, entre gigantescas medidas de seguridad que hacen prácticamente imposible que sufras ningún daño. Hasta las salpicaduras están programadas.

El parque temático es un paraíso para los sentidos y también para la tarjeta de crédito. Puedes comprar casi todo lo que te apetezca siempre y cuando tenga relación con el tema en cuestión. Puedes tener experiencias que ni podrías soñar fuera de allí, y vas a salir con un montón de vídeos y fotografías que harán palidecer (y bostezar cuando no los veas) a tus amigos, conocidos y familiares. "Te jodes, que estuve en PortCagadura y tú no".

Se relajan en los spas

Antes la gente iba a balnearios. Estos lugares se situaban habitualmente en zonas donde aparecían aguas termales y allí acudía uno para disfrutar de esos baños tan agradables y relajantes sin pensar en nada más. Los balnearios solían estar relativamente cerca del lugar donde uno vivía, de hecho era común encontrarse uno o dos en todas las provincias. Uno se acercaba hasta allí, pasaba los días que consideraba oportunos y volvía a casa. Esto es poco para un borrego.

Para sustituir a los balnearios se inventaron los spa. Ubicados generalmente en hoteles y lugares a los que el jefe se llevaba a la secretaria (o la secretaria al jefe, vaya usted a saber) en la época de las películas de Alfredo Landa, han supuesto una importante inyección de capital para negocios que veían cómo su actividad iba disminuyendo, y también para el turismo de interior, aquel que tal vez pueda ofertarnos sol, pero no playa.

El spa es el relax del borrego. Muchas veces constituye la excusa perfecta para subirse en el coche y marchar a pasar un fin de semana cumpliendo con los requisitos de la vida fashion de un modo más sosegado. Aquí no hay atracciones que te pongan con la cabeza para abajo y los pies para arriba, pero sí masajistas que te soban amorosamente, individuos e individuas que solícitamente te hacen sentirnos como el rey del mambo y tangas de papel minúsculos que te recuerdan cómo debieron sentirse Adán y Eva. Los viajeros iban a balnearios, los turistas al spa del hotel de turno. Y mejor si repiten las historias de Alfredo Landa.

Regalan para hacerse notar

El borrego es magnánimo consigo mismo y aún más con sus semejantes. Nadie puede acusarle de egocéntrico o egoísta porque se desvive por quienes le rodean. Por eso se esforzará en tener bien controlados los días importantes de la vida de las personas de su entorno para que no se queden sin su regalo, e incluso sin la fiesta correspondiente.

Una de las reglas del mundo borreguil es que uno ha de devolver todo aquello que se le da, y si es posible incrementado: Nunca obsequies algo de menor valor que lo que te dieron a ti la última vez, a no ser que la otra persona haya incumplido la regla.

Hacer las cosas así tiene una innegable ventaja: Uno siempre tiene un motivo para ir de compras, el motivo es exterior y altruista por lo que es imposible tener un sentimiento de culpa, y al cumplir la regla básica demuestra a los otros que es más que ellos.

Niegan ser borregos

Un borrego no es un borrego si admite serlo. Aunque sus líneas de acción son tan predecibles que resultan aburridas porque siempre repiten lo mismo en formatos diferentes, se consideran tan únicos que no pueden encasillarse en ninguna categoría y, por supuesto, menos en la de borrego.

La crisis de los borregos

En esta Ejpaña nuestra casi todo está en crisis en el mundo empresarial e institucional, y todo ello tiene que ver con la forma borrega de entender el mundo, con la necesidad de estar en la Champions League de la Economía, de superar al vecino, ser y aparentar más que él. El Estado y los ciudadanos quisieron tener más de todo, creyeron que todo el monte era orégano, y cuando quisieron darse cuenta llegó Mariano con la rebaja. El depretalismo (aka neoliberalismo) es la aplicación del modelo borreguil al mundo empresarial e institucional.

EJPAÑA 2013

Juan Carlos Vicente Casado

"Las perspectivas económicas de España son aterradoras. La situación económica es especialmente difícil en España. Los próximos años van a ser muy difíciles para los españoles. El camino de salida de la crisis para España será doloroso o extremadamente doloroso".

(Paul Krugman, Premio Nobel de Economía 2008, 16 de marzo de 2009)

Definitivamente nos hemos vuelto locos. Hasta hace nada eso de la Bolsa no le importaba más que a cuatro individuos a los que les sobraba el dinero o a ludópatas a gran escala. Nadie sabía qué era la prima de riesgo ni se oía hablar de los mercados, el déficit público era algo que siempre había estado ahí pero nunca tuvo demasiada importancia, no conocíamos el significado de las siglas FMI y casi creíamos que el Banco de España era uno que tenía una sucursal en cada una de las ciudades. El ministro de economía era un tipo de esos que se reúnen con el presidente del gobierno todos los viernes y votábamos alternativamente a gobiernos de derecha e izquierda mientras esperábamos que llegase alguien con dos dedos de frente que juntase lo bueno de unos y otros olvidándose de los radicalismos.

Cuando creíamos eso no estábamos locos, lo estamos ahora. Terminado el annus horribilis de 2012 y habiendo sobrevivido al enésimo fin del mundo, un evento que al parecer no debía suponer la aniquilación de la vida en este planeta sino el surgimiento de un ser humano nuevo que vaya usted a saber cómo sería. Estamos locos porque miramos el periódico y en vez de las páginas de deportes leemos las de economía, miramos con el rabillo del ojo a las subidas de la prima de riesgo, ese interés que el Estado paga por la deuda y que para este 2013 van a suponerle más gasto que todos los Ministerios juntos, temblamos como varas verdes cada vez que vemos a Montoro con su cara de draculín o al de Guindos que más que un ministro parece el enterrador de una película del oeste, estamos hartos de oír hablar de rescates, del FMI, del BCE, de Ángela Merkel y de lo bien que le ha ido a Francia desde que el Szarkozy ese se dedica a atender a Carla Bruni y se deja de políticas de ahorro y recortes. En 2012 llegamos a debatir si volver a pagar en pesetas, seguimos acojonados porque no sabemos si alguna vez ese dinero virtual que tenemos ahorrado se plasmará en billetes y culpamos a todo bicho viviente: A los gobernantes por no haber previsto la crisis con antelación, a los bancos por prestar dinero a quien no podía devolvérselo, a quien se gastó lo que no tenía por su irresponsabilidad, y al final nos quedamos tan panchos pensando en lo desdichados que somos por vivir en un mundo en el que estamos rodeados de inútiles. Ellos inútiles y nosotros locos, madre mía qué camino llevamos.

La cosa está fea

La cosa está fea, eso lo sabemos todos. Entre pitos y flautas el Estado español debe más o menos un billón de euros, algo así como ciento sesenta y seis billones de las añoradas pesetas. Resulta que el PIB (que, al parecer, no es lo mismo que PNB), o sea, lo que se produce en España durante un año, es de un billón ciento sesenta y tantos mil millones de euros. Para entender la magnitud del asunto es mejor verlo en número: Un billón es un número uno con doce ceros detrás, es decir, 1.000.000.000.000, un millón de millones. En España somos más o menos 47 millones de personas, es decir,

47.000.000. Si quitamos ceros y dividimos 1.000.000 entre 47, el resultado es espeluznante: Cada español debe unos 21.276 euros a los mercados esos. O sea, en mi casa que somos cuatro, debemos exactamente 85.106 euros.

Vamos ahora a ver la deuda real: ¿Cuánto debe cada español que trabaja? Si tenemos que repartir el billón de euros entre todos resulta poco razonable pensar que puedan pagarlo los parados o quienes no tienen ingresos, por lo que habrá que repartirlo exclusivamente entre quien recibe una remuneración del tipo que sea. Según la EPA de finales de 2011, la población activa, que incluye parados y personas que trabajan, tomando la referencia de finales de 2011, era de 17.807.500 personas. Quitando los 5.273.600 parados, tendríamos que repartir la tarta entre unos 12 millones de personas. Por cierto, ¿qué hacemos con los pensionistas? Bueno, pues ellos también cobran pero están percibiendo un seguro como los parados así que tendríamos que dejarlos fuera del asunto aunque resultaría tentador que también apoquinasen.

¿Qué podemos hacer?

Por muy fea que esté la cosa siempre se puede hacer algo. Analicemos algunas posibilidades.

Hipotecarnos

Si debemos un billón de euros y lo dividimos entre 12 millones de personas activas nos quedan 83.333.333 euros de deuda por cada uno de nosotros. ¿Se le habrá ocurrido a Montorín y a Del Guindo que cada uno de los españoles formalicemos una hipoteca con el BCE, el FMI o quien corresponda y que el Estado deje de pedir dinero a la mafia esa de los mercados? Hacemos cada uno una hipoteca a veinte años, pagamos religiosamente todos los meses, y en menos tiempo del que tardarán nuestros hijos en encontrar su primer empleo el problema del déficit público queda resuelto, con lo que al menos no les dejamos un pozo de deudas y mierda.

Vista así la cosa es menos fea. Pues si además nos damos cuenta de que

España debe un billón pero también le deben dinero parece que se suaviza un poco más. Imaginemos que el Estado tendría que recaudar de gente que no sean contribuyentes como unos cuatrocientos mil millones de euros. Ya nos quedaría bastante menos para suscribir de hipoteca.

Desgraciadamente eso de pedir cada uno de los que tenemos trabajo una hipoteca al BCE me temo que no va a ser viable. La primera razón, porque al BCE, el FMI y a los gobiernos de cada uno de los países implicados no les interesa. La segunda, porque a nosotros tampoco: Hay pocas personas que puedan contratar una hipoteca por 83.000 euros para salvar a un Estado que además le sigue cobrando IVA, IRPF, impuesto de esto, de lo otro y de lo de más allá. Habrá que buscar una solución diferente.

Hacernos un autopréstamo

Vale, pedir una hipoteca para darle dinero al Estado para que se lo dé a los bancos para que éstos se lo presten y cerrar un círculo infinito no parece una buena idea. Aquí todos estamos apurados para llegar a fin de mes y no andamos como para reservar seis mil euros anuales durante veinte años para tan noble causa.

Vamos a pensar en la gente que tiene dinero virtual, ese que está depositado en los bancos porque nos lo dicen en los extractos, pero que realmente nadie ha visto. Uno se pasa la vida sisando de aquí y de allá en los gastos cotidianos para tener algo ahorrado, y como no puede guardarlo en casa en un calcetín lo mete en el banco donde también está la herencia de no sé quién, el premio que te tocó una vez en no sé dónde y lo que has ido acumulando de bote por dejar de fumar. El resultado es que una buena parte de los españoles tiene unos ahorrillos virtuales que podrían venirnos muy bien ahora.

Podríamos pensar que eso de tener dinerillo virtual es un privilegio de unos cuantos. Sin embargo resulta que hay más hormiguitas de las que parece. Si Bankia tenía 10 millones de clientes, y obviamente no todos serían ladrilleros por la sencilla razón de que en ese caso no creo que el gobierno (y lo pongo con minúsculas deliberadamente) se hubiera tomado tantas molestias por evitar su quiebra, si el Santander tiene otros no sé cuántos millones de clientes, y el BBVA, y CaixaBank y el Popular, y las Cajas que están como locas reorganizándose, estamos hablando de una cartera de ahorradores en España que sobrepasa con creces el número de habitantes del país lo que, por definición, también es imposible. Bueno, pues por si eran pocos, añadamos a todos aquellos que tienen cuentas en Suiza y otros paraísos fiscales al uso, y de paso animemos a Cristiano Ronaldo, Messi, Rafa Nadal, Pau Gasol y Fernando Alonso entre otros a que cooperen un poquito.

¿Cuánto dinero hay en los depósitos virtuales de los bancos? Nadie lo sabe. ¿Qué podríamos hacer con él? Sacarlo del taburete ese y dárselo al Estado, que de esta manera tendría recursos para poder hacer frente a sus pagos. ¿Cómo hacerlo? Simplemente comprando Deuda Pública. Por ejemplo, esta semana cada uno de los clientes de los bancos elige gastarse mil euros en Letras del Tesoro a un año. Si hay sesenta millones de clientes y cada uno invierte mil euros en Letras, se recaudarían sesenta mil millones, suficiente para saldar entre otras cosas la deuda de Bankia y otras dos Bankias más. El dinero se quedaría en España y a los mercaderes ladrones les iban a dar por donde el lector y yo sabemos. Si repetimos esa operación cuatro veces en un año, es decir, invirtiendo cuatro mil euros cada uno, tanto el Estado como los contribuyentes obtendríamos ganancias.

¿Qué ocurriría si el Estado quebrase? Pues que todos nos iríamos a la mierda, pero es que nuestro dinero virtual ya es mierda. No perderíamos gran cosa.

¿Cuál es la gran dificultad de esta opción? Que no podemos sacar nuestro dinero virtual de los bancos para dárselo al Estado porque es dinero virtual y no existe.

Dejarnos dar por los mercados

Nadie sabe quiénes son, pero nos están jodiendo la vida. Los mercados esos, la Bolsa que baja y baja, el dinero de los inversores y todas esas zarandajas parecen tener mucho que ver con lo que nos está pasando. "Ellos", tercera persona del plural, los personajes que hacen la vida imposible a los paranoicos, seres invisibles, inmutables y ubicuos, tienen el poder sobre nuestras pequeñas vidas.

¿Y qué más da quienes sean? El hecho es que cuando nuestro gobierno necesita dinero lo pide y el interés que pague depende de cómo tengan el día "Ellos", ni más ni menos. Que se han levantado generosos, baja la prima de riesgo y sube la Bolsa. Que están miedicas, sube la prima de riesgo y baja la bolsa. Que ni lo uno ni lo otro, pues también sube la prima de riesgo y baja la bolsa, y no sólo la del parquet sino la nuestra particular.

A mí me resulta difícil de entender cómo es que el gobierno con minúsculas, que aprueba los Presupuestos Generales del Estado y que tiene economistas ultracompetentes en nómina, tiene que andar pidiendo dinero prestado. Si tú sabes lo que ganas y lo que gastas tampoco debe ser tan difícil hacer cuentas y presupuestar en gastos un 10% menos de lo que crees que vas a ingresar. Al fin y al cabo el Estado no es otra cosa que la comunidad de vecinos que hemos instaurado para poder hacer frente a los gastos comunes de todos los que habitamos en un territorio concreto. Es plausible, y hasta probable, que los gastos superen más de una vez a los ingresos y que haya que emitir deuda, pero la situación actual, en que la comunidad de vecinos debe tanto como producen todos y cada uno de los habitantes es inconcebible y no podemos culpar a un solo gobierno ni a un solo partido.

Vale, y ahora después de quejarnos, pensemos en cómo podemos utilizar a los mercados en nuestro beneficio. Si queremos salir de esta con su apoyo no tendremos más remedio que seguir subastando la deuda, pagando intereses cada vez más altos y cuando el gobierno sea consciente de que no puede pagarlos acudir al siguiente tramo de rescate: Que el FMI y el BCE, instituciones que de monjitas de la caridad tienen poco, nos presten el dinero más barato que esa pandilla de ludópatas viciosos que encajan en el papel de "Ellos".

La consecuencia obvia de haber recurrido a "Ellos", los prestamistas usureros ludópatas y viciosos que se esconden tras el eufemístico término de "mercados" es pedir dinero prestado a los bancos. Aquí las cosas son un poco diferentes a como ocurre en nuestras pequeñas e insustanciales vidas privadas: Cuando un ciudadanito de a pie necesita financiarse va al banco y pide un crédito. El bancario le impone una serie de condiciones que suelen centrarse en la demostración de la capacidad para devolverlo, el aval de otra persona que también tenga esa capacidad por si falla el pedigüeño, un tipo de interés que suponga una ganancia sustanciosa para la empresa y que permita pagar el sueldo al trabajador que lo está gestionando además de interesantísimos complementos para todos los que se sitúan por encima de él en la jerarquía y poco más. El banco puede negarse a conceder el préstamo y entonces el ciudadanito se queda sin coche, sin piso o sin vacaciones en Benidorm, y si el bien deseado es imprescindible no le quedará más remedio que darle el sablazo a la familia o los amigos, o dedicarse a atracar domicilios que suele ser tarea no muy difícil.

El Estado no puede atracar domicilios, y cuando tiene que andar mendigando milmillonadas a los mercados es porque ha agotado todo el crédito que los banqueros domésticos podían ofertarle. El siguiente paso es pedir el dinero directamente a los ciudadanos prometiéndoles un interés mayor que el que suele darle el tipo del banco y sin pedirle avales: Tú les das el dinero, ellos lo guardan durante un tiempo y después te lo devuelven incrementado en un tanto por ciento. No les hace falta aval por tu parte ni a ti por la suya, porque es el Tesoro Público y siempre responde a sus deudas.

Cuando ya no se puede emitir más Deuda Pública doméstica hay que pedir en grandes cantidades, las milmillonadas esas que se subastan y que nos permiten hablar de la prima de riesgo. En ese momento se recurre a los ludópatas viciosos, "Ellos". Y cuando estos tipos se dan cuenta de que ese país necesita milmillonadas con mayor frecuencia de lo habitual es cuando se ponen a afilar las garras y hacerse los remolones para conseguir subir el interés que los peticionarios están dispuestos a pagar. La prima de riesgo sube, la bolsa baja y los mercaderes se forran con la excusa de que dada la situación económica que las agencias de calificación y demás estafadores de guante blanco informan, hay que pagar más interés porque no existen garantías de que ese dinero se recupere transcurrido el plazo. Todos sabemos que es mentira, pero queda bien para que ellos ganen gigantescas cantidades de dinero sucio que les iba a dar para irse de putas de lujo durante cinco o seis millones de vidas.

Dejarnos rescatar

Llega un momento en que los mercados piden un interés abusivo, que a estos niveles puede ser del 6% o más. Cuando supera el 7 o 7,5 el riesgo de impago se vuelve serio y, por muy altas que sean las garantías ofrecidas y muy majetes los gobernantes de la república bananera en cuestión, hasta "Ellos", los mercaderes, empiezan a dudar de si realmente recuperarán el dinero porque saben que lo que tendría que pagarse en intereses en esas milmillonadas dañaría seriamente los presupuestos de cualquier país por mucho petróleo que tenga en el subsuelo. El resultado es que los gobernantes deciden que ha llegado el momento de pedir dinero a las instituciones internacionales que están para eso, para ayudar a los Estados en problemas. Entra en juego el FMI, y en el caso de Europa el BCE.

El BCE debe ser algo así como el Banco de España, pero a nivel de toda Europa. Resulta que entre casi todos los países del continente hemos aportado unas buenas milmillonadas para que tenga un fondo de reserva que pueda utilizar para situaciones complicadas. Grecia, Portugal, Irlanda, ahora España y muy pronto Italia (cuando leas esto quizás haya aparecido algún país más) ya han tenido que recurrir a la samaritana ayuda del BCE.

Estos tipos tampoco regalan el dinero, pero a diferencia de los mercados te lo prestan a un interés más bajo, digamos un 4,5% o así, que tampoco es moco de pavo, pero debe ser lo que tienen estudiado que puede pagar un Estado donando hasta la última gota de su sangre sin morirse para que pueda seguir pagando. Una cuestión interesante es que, a diferencia de los mercados que sólo pedían dinero, los Burócratas Cansinos Especuladores además exigen garantías de que se les va a devolver la deuda: Ellos no asumen riesgo.

Las condiciones de eso que llamamos rescate y que deberíamos llamar "soga al cuello" (y con un pesado pedrusco al otro extremo, por cierto) son leoninas a más no poder. Nos prestan un dinero del que una parte la hemos aportado nosotros no hace tanto tiempo a cambio de que vendamos las empresas públicas rentables, privaticemos Sanidad y Educación, bajemos los salarios indiscriminadamente y nos empobrezcamos. Seguro que son conscientes de que eso lleva a la disminución de ingresos del Estado y por lo tanto a la necesidad de pedir más y más dinero de ellos, lo que sigue empobreciendo más y más a la población del país en cuestión. Han invadido una nación sin pegar un solo tiro, ya podían haber aprendido Hitler, Napoleón y Atila.

En el "rescate" siempre se exige lo mismo. Con la excusa de que se ha llegado a esa situación por una mala gestión, por la existencia de unos servicios públicos sobredimensionados y por la vagancia y el despilfarro de los ciudadanos de a pie, se le dice al gobierno de turno que tiene que aprobar recortes y disminuir el aparato del Estado. Si es así, se le dará dinero. Si no, que se jodan que tampoco podrán reclamar lo que ellos aportaron al fondo común.

Los Estados suelen ocuparse de prestar servicios esenciales, servicios que muchas veces son ingratos y poco rentables económicamente si se llevan a cabo adecuadamente, actividades muy caras que se financian con cargo a los impuestos. Mientras el Estado se creó para dar un servicio a los ciudadanos, una empresa que gestione un servicio esencial se creó para obtener una ganancia económica a repartir entre sus accionistas y propietarios. Cuando privatizamos un servicio esencial, costoso y poco rentable, lo que estamos haciendo es ceder el control de algo necesario para todos a una pandilla de tiburones a los que sólo les preocupa ganar más y más dinero. ¿Alguien se imagina de dónde sale la ganancia?

Pasa con la energía, podemos ver cómo las empresas productoras de electricidad exigen más y más subidas en la factura de la luz mientras sus directivos cobran sueldos astronómicos que hacen palidecer a los de cualquier funcionario de altísimo nivel, ocurre lo mismo con otros sectores energéticos como el petróleo o el gas natural. Curiosamente las redes pertenecen al Estado pero la explotación está a cargo de empresas que cotizan en bolsa y además de producir beneficios dan ganancias astronómicas a sus directivos y muchos de sus trabajadores gozan de un "estado del bienestar" inimaginable para los curritos de a pie.

¿Por qué privatizar Sanidad y Educación? Por lo mismo. La Sanidad es costosísima. Ahora que en España contamos con un buen sistema de formación para las personas que trabajan en ella a alguien se le debe haber ocurrido que mantener una red de asistencia pagada con dinero público es muy cara de mantener. Privaticémosla y permitamos que los prebostes que no sirven para otra cosa entren como accionistas o como miembros de los consejos de administración de las empresas que la gestionan, aunque los hospitales, como la red eléctrica o las conducciones del gas natural, se hayan construido con dinero de todos. Vendamos a precio de saldo instalaciones pagadas con dinero público para que unos desalmados se hagan cargo y mejoren nuestras prestaciones sanitarias a base de marketing. Privaticemos también un sistema educativo que va funcionando cada vez mejor y en el que el profesorado va alcanzando niveles envidiables de formación, y hagámoslo teniendo un cuidado exquisito en cargarnos de paso los centros de enseñanza de la Iglesia Católica, que saben demasiado. Instauremos modelos americanos, gastémonos el mismo dinero para pagar empresas que pueden venir con culturas organizacionales y personal de otros países a enseñarnos y mandemos a nuestros habitantes al paro mientras "Ellos" se forran a nuestra costa.

Para conseguir el "rescate" hay que ceder ese bienestar que nos ha costado años conseguir para que las multinacionales compren lo que tantos años y tantos euros nos ha costado construir a precio de saldo. Tiene que haber otra opción.

No pagar

¿Y si no pagamos? Al parecer todo se iría a la mierda. El Estado no obtendría el dinero necesario para financiarse, pensionistas, funcionarios y empresas que trabajan para él (o sea, casi todos) no verían ni un duro, los trabajadores públicos pararían, nos quedaríamos sin nadie que atendiese a los servicios públicos y esto sería un caos.

Vamos a plantearlo de otra manera. El Estado español ha solicitado préstamos de milmillonadas (es que me encanta cómo suena esta palabra) de euros a intereses cercanos al 7%. Eso, a estos niveles, es usura. No es lo mismo prestarle dinero a un ciudadano de a pie para pagar su hipoteca a un interés del 10% (no hace tantos años que un 13,5% de interés en una hipoteca era un auténtico chollo) que las burrillonadas que se subastan cada poco y que nos hacen temblar cuando se publica la prima de riesgo. La usura, prestar dinero a un interés elevadísimo aprovechándose de la situación en la que se encuentra el prestatario, es algo inadmisible y ha costado muy cara a quien la ejerce. El ciudadano siempre supo que no tenía más remedio que pagar porque de no hacerlo el prestamista recurriría a medios sucios que podían llegar hasta la violencia física, para recuperar su dinero. Con un Estado es más complicado.

Esta crisis de deuda nos ha llevado a los españoles a situarnos en el vagón de cola de la Unión Europea. De ser una economía boyante, bien gestionada y con un sistema financiero sólido hemos pasado a ser un integrante de pleno derecho de los PIIGS, grupo formado por Portugal, Irlanda, Italia, Grecia y España. No vamos a escurrir el bulto, justo antes de que reventara todo esto los inmigrantes decían que se venían a España "porque aquí te regalaban el dinero". Nuestros gobernantes, cegados por su ideología y un buenismo que parecía invadirlo todo como nos invade ahora este neoliberalismo (aka depretalismo) que nos está jodiendo por todos los lados, no supieron mantener el barco cuando las aguas se volvieron tormentosas y así estamos ahora, planteándonos si pagar o no.

El caso es que ya Islandia hizo una quita y dejó de pagar a los usureros, lo que hizo mejorar apreciablemente su economía. De repente los especuladores se encontraron con que un Estado soberano había decidido no ingresarles los intereses que les correspondían por su usura. ¿Y cómo obliga uno a un Estado a pagar? Puede hacerlo por las buenas convenciendo a sus gobernantes o recurriendo a tribunales internacionales, y por las malas invadiendo ese país con su ejército. El problema es que los usureros no disponen de fuerzas armadas, y otros Estados no estarían por la labor de prestar aviones y tanques sabiendo que los próximos en caer podrían ser ellos.

La quita es una opción: Que el Estado suspenda pagos de puertas para afuera. Sabe que no va a poder obtener dinero de los mercados, y los ludópatas del monopoly saben que pueden perder lo que invirtieron pidiendo un elevado tipo de interés para compensar el riesgo que eso suponía. Corrieron el riesgo y perdieron...

La pregunta es por qué el Gobierno no ha decidido todavía dejar de pagar esas deudas. La respuesta es porque también tendría que dejar de pagarnos a nosotros, y a ellos mismos. El colapso de la economía española sería tan grande que generaría repercusiones callejeras difíciles de controlar, tanto más cuando ni policías ni médicos ni bomberos ni nadie habría cobrado por su trabajo.

Consumir productos españoles

Mira a tu alrededor. ¿Qué ves? El ordenador que manejas, la televisión ante la que te sientas, el sofá que compraste en Ikea, los cacahuetes del Lidl o la bombilla que te ilumina están hechos fuera de España. La tienda de moda en estos tiempos de magros ingresos económicos es el bazar de los chinos donde te compras de todo a un precio mucho menor que el que fija el comerciante de la esquina, ese que te iba a vender los mismos productos Made in PRC y bastante más caros porque el intermediario español cuando te saca el dinero lo hace de verdad.

Producimos poco, exportamos menos e importamos una barbaridad. El coche tiene que ser Mercedes, BMW, Porsche o Jaguar. La televisión LG, Sony o Samsung. El ordenador, un Apple por supuesto. Si salimos y nos bebemos un whisky nada de Dyc que es muy malo, y el refresco más consumido es con mucha diferencia la Coca-Cola que, al menos, contiene gaseosa española. ¿Por qué no comprar coches hechos en Vigo, Valladolid,

Martorell o Ávila? ¿Por qué seguimos yendo a Zara que nos trae la ropa de Vietnam, comprando ordenadores Apple y aceptando que Philips, la marca europea por excelencia, fabrique en China productos de una calidad bastante mediocre? Porque en España siempre ha sido mejor lo de fuera.

Ya está bien de tonterías, y de hacerles el juego a intermediarios espabilados que nos venden productos hechos en toda Asia y especialmente en China por trabajadores que cobran sueldos de risa comparados con los nuestros y trabajan un montonazo de horas para que el tipejo ese que compra y vende se haga de oro y se compre el Rolex, el Jaguar, el I-Pad, el I-Pod, el Mac, y no sé cuántas memeces más que para lo único que sirven es para que nuestros ahorros se vayan a otros países. Dejemos de ir a ver jugar al fútbol a los payasos esos del Real Madrid y el Barcelona que se creen los dueños del mundo porque corren y dan patadas a un balón durante un rato a la semana. ¿Acaso nos aportan algo esa pléyade de individuos tragones que sólo quieren aumento de sueldo y que se utilizan como reclamo para vender a nuestros hijos ropa china que parece que ha sido bordada a mano en los chalets de La Moraleja?

No, señores, compren productos españoles siempre que puedan. Y no sean hipócritas diciendo una cosa mientras se relamen los bigotes pensando en el I-Pad y el Jaguar, en ser más que el vecino por ir a ver el circo de la Fórmula 1 o tener un amigo que te invita a un palco en el Bernabéu. Vamos a dejar de pagar al Cristiano, al Messi y a todos esos individuos, a ver si nos damos cuenta de que estamos pagando mierda a precio de oro. Volvamos a comprar libros, discos de grupos españoles, a sentarnos en el sofá con una copa de Fundador o Soberano y acostumbrémonos al sabor del chocolate Valor y los refrescos de La Casera empresa que, por cierto y por obra y gracia de los mercados, ya no es española sino propiedad de la multinacional británica Cadbury-Schweppes, pero al menos supongo que fabricarán por aquí. Ah, y si nos aburrimos en vez de conectarnos por el I-Pad al Facebook cojamos el teléfono y llamemos al fijo a nuestros amiguetes que nos sale casi gratis. Comprémonos la ropa en la tienda de la esquina y huyamos de todo símbolo multinacional que podamos, tomémonos el café en casa o en el bar de abajo en vez de tener que irnos a ver las piedras que hay cuatro ciudades más allá, que al fin y al cabo el negocio de la gasolina también lo explotan las multinacionales.

Comprar productos españoles hace que las fábricas tengan que contratar más gente para producir en vez de tener a cuatro gatos ocupados en supervisar lo que se trae de China. El dinero no sale de España y al haber más población ocupada las cuentas del Estado están más saneadas porque tiene que gastarse menos dinero en prestaciones, además de recaudar más por IRPF y Seguridad Social. Pero claro, seguiremos siendo tan tontos que preferiremos seguir favoreciendo al intermediario en lugar del trabajador. Quijotes de hojalata.

No se trata de caer en la autarquía, sino de incrementar nuestro consumo de productos producidos en España o que, al menos, sus fabricantes tributen a la Hacienda española en lugar de en paraísos fiscales. Se trata de dar trabajo a la gente que trabaja en este país, porque ese trabajo es un derecho, una obligación y nuestro medio de vida, y también de olvidarnos de aquello de que lo fabricado fuera de nuestras fronteras siempre es mejor.

Dejar de comprar en internet

Los ciudadanos de a pie no tenemos la culpa de la crisis de la deuda, o quizás sí. Quizás fuimos tan inocentes que elegimos a un gobierno buenista, obsesionado por lo políticamente incorrecto, con afán de venganza y odio por todo lo que supusiera una política del otro bando (o sea, de derechas), y ratificamos nuestra confianza en ellos cuando sabíamos que nos iba a caer la del pulpo. Este gobierno buenista, hembrista y obsesionado con cuestiones cotidianamente peregrinas olvidó hacer los deberes en temas macroeconómicos importantes y al parecer no se dio cuenta de que iba gastando más de lo que ingresaba a pasos agigantados. Cuando quiso darse cuenta debía lo que no está en los escritos, y esto generó la crisis de deuda, esa que lleva a la prima de riesgo que tan mal nos trae.

Que no tengamos la culpa, al menos directamente, de la crisis de la deuda, no nos exime de ser los causantes de otra crisis importante: La del consumo. Durante mucho tiempo muchas personas pensaron que la felicidad se vendía en las tiendas y que cuantos más objetos atesorasen, cuanto mayor fuese el coche, cuantos más cambios hiciesen en el mobiliario doméstico, cuanto más saliesen a cenar y más impresionasen a los vecinos con su pujanza económica, su calidad de vida sería mayor. El resultado fue un crecimiento desmesurado del consumo y la acumulación de deuda en las unidades familiares, un proceso muy parecido al que sucedió con las finanzas estatales.

En teoría había mucho dinero disponible: Había familias en las que trabajaban una, dos, tres y cuatro personas, cada una de las que tenía su coche y se iba comprando su casa, los fines de semana eran santificados mediante las visitas recurrentes al centro comercial, los domingos se comía en el restaurante y el "hay que viajar más" se había convertido en la ilusión de todos los días. El resultado fue que los mercaderes cayeron en la tentación de importar productos asiáticos de bajo coste y venderlos al mismo precio que si fueran fabricados aquí, lo que les permitía enriquecerse sin importarles que se estaba pagando a mano de obra de otros países y consecuentemente creando paro a corto plazo. ¿A quién iba a importarle si todo el mundo tenía trabajo y podía gastar a espuertas?

Una cosa era la teoría y otra bien distinta la práctica. Cuando todos nos habíamos achinado y comprábamos bombillas chinas, televisores chinos, ordenadores chinos, ropa vietnamita y en este país sólo se podían producir coches y pisos, el germen de la destrucción estaba servido. De repente la gente no tuvo más remedio que trabajar para la construcción, la industria del automóvil y una hostelería dedicada a un turismo cada vez más floreciente en el que los españoles iban desplazando a aquellas suecas y alemanas de los florecientes tiempos del landismo. Los coches, siguiendo el modelo del producto chino importado, se pusieron a precio de pelos de demonio, con las viviendas ocurrió lo mismo, y al personal no le temblaba más que la cuenta bancaria cada vez que decidía ir de turista idiota por mucho que lo disfrazase bajo el solemne nombre de "viaje". No había problema: Los ingresos eran suficientes.

De repente estalló la burbuja inmobiliaria. No sé muy bien por dónde empezó, pero repentinamente las constructoras empezaron a tener graves problemas económicos, las pequeñas empresas quebraban un día sí y otra también, molesta costumbre que desgraciadamente todavía no se ha perdido, y la gente empezó a irse al paro. No había problema: Eran dos años en los que pagaba el Estado, así que podían vivir sin trabajar y luego encontrar empleo en cuanto quisieran. Las cosas no iban a ser así pero ellos, que siempre habían vivido en la opulencia, no lo sabían. Las reservas del Estado se agotaron rápidamente, la cifra de desempleados creció exponencialmente, las recaudaciones de los negocios también y entramos en un círculo vicioso del que parece que no vamos a salir nunca.

Una opción para salir es dejar de exportar dinero. Una de las razones por las que todo esto se fue a la mierda es porque nos convertimos en un país de intermediarios en el que el sector primario apenas tenía importancia, no producíamos sino que traíamos del exterior y vendíamos como si se hubiese fabricado en la tierra de los dioses en cuanto al precio. La gente dejó de trabajar porque no tenía dónde hacerlo, porque para que un pequeño número de intermediarios se enriqueciese un gran número de ciudadanos tenía que perder su trabajo y nadie parecía darse cuenta de que al ocurrir esto los intermediarios no tendrían a quién vender. Otro círculo cerrado.

Somos pocos los que tenemos trabajo, así que pocos podemos hacerlo, pero es sencillo. Compremos productos españoles y, si no es posible, al menos no paguemos a un intermediario inglés, chino o alemán. Si nos dejamos el dinero en el tendero de la esquina estaremos ayudando a crear puestos de trabajo, si lo enviamos por internet a un lugar recóndito del mundo serán ellos quienes trabajen. Nuestro dinero es nuestro, retengámoslo, al menos en parte.

Votar a un partido de centro... si existiera

Es un tópico eso de que la historia se repite, y en España es costumbre la alternancia en el poder entre un partido de centro-derecha y otro de centro-izquierda, cumpliéndose habitualmente la condición de que el número de legislaturas que está en el poder el partido de izquierdas es igual al número de legislaturas que estuvo en el poder el partido de derechas más una. ¿Por qué ocurre esto? Pues porque se necesitan x+4 años para dilapidar un dinero que se tardó x años en recuperar del último despilfarro.

Los partidos que gobiernan, y a los que se les llena la boca con la expresión centro-lo que sea, son de todo menos de centro. Son gentes de izquierdas y de derechas que quieren dar una apariencia de moderación para atraer al electorado, pero que en cuanto se ven pertrechados de la mayoría absoluta nos dan su cara más clara porque ya no necesitan convencer a nadie, ellos solos se bastan para gobernar. Conscientes de ello, y con la población dividida en una proporción ideológica de 35% izquierda - 30% derecha - 35% indecisos, cuando ven que el polo de los que no tienen decidido a priori a quién van a votar se inclina de su lado y se encuentran con la mayoría absoluta rápidamente lo aprovechan para darse el gran festín: Ocupar con gente del partido la mayor parte de los puestos ocupables y poner en práctica aquello que sus electores de conciencia querrían que se llevase a cabo. Bueno, en realidad ni siquiera los electores de conciencia cuentan para un político que goza de mayoría absoluta, y si se me apura tampoco su ideología política, sólo sus ideales personales que muchas veces tienen que ver más con la economía propia que con cualquier otra cosa.

Los de izquierdas gastan y pasan el tiempo intentando compensar agravios pasados además de recrear e intentar después solucionar la tan traída y llevada lucha de clases. Los de derechas se empeñan en desmantelar el Estado y regalárselo a las empresas privadas porque (dicen) de esa forma se genera menos gasto para todos. Unos y otros dicen hacer el bien sin mirar a quién y no ven que sus posturas son tan simplistas y maniqueas que nos ponen una y otra vez en la cuerda floja por su insuficiencia. Claro que a ellos les da igual porque su posición de poder les protege de la mayoría de las incomodidades que soporta el ciudadano.

No, señores, ni la derecha ni la izquierda sirven para gobernar y sin embargo nuestros gobernantes se aferran perdidamente a ellas mientras invocan su compromiso de centro. Por cierto, ¿alguien sabe en qué consiste el centro político? Me temo que no, y confieso que aunque ideológicamente soy centrista convencido me resultaría difícil trazar un ideario claro.

Podemos empezar diciendo qué no es centro. No es ni izquierda ni derecha, ni creerse Robin Hood que roba a los pobres para darles a los ricos, ni llevar a cabo la defensa a ultranza de ese neoliberalismo (aka depretalismo) invasor que tanto daño nos ha hecho. Un partido de centro tiene ante todo que ser igualitario sin erigirse en juez y parte en las situaciones de conflicto social. El centro es, por definición, lo que no es ni derecha ni izquierda.

¿Pero puede haber algo en la política que no sea ni lo uno ni lo otro? Pues sí. El tema está en el criterio económico y en la idea de Estado, en cómo se gestionan los ingresos públicos de una economía doméstica, sea la de la casa de uno o la de un país entero, que es lo que ocurre en este caso. La idea es sencilla, y a desarrollar: Hagamos política de izquierdas con criterios económicos de derechas, quizás ese sea el centro para empezar.

Esto tiene pocos pies y menos cabeza

Tanto plantearnos preguntas para que la situación no sea tan fea, no nos ha llevado a ningún sitio, seguimos con la cabeza caliente, los pies fríos y la cartera tiesa. Si queremos salir de esto vamos a tener que cambiar de mentalidad, dejar de ser borregos, abandonar el depretalismo (aka neoliberalismo) como modelo económico y volver a nuestras raíces.

NEOLIBERALISMO, O MEJOR DEPRETALISMO

Ramón de Fussimanya

> *la descomposición de unos ideales degeneran en la corrupción. La corrupción moral, la económica, la política,... Es un tema absolutamente comprensible para el lector de hoy. En España la corrupción de unos ideales democráticos ha degenerado en lo que tenemos hoy, en una casta política parasitaria.*
>
> (Juan Manuel de Prada, 8 de enero de 2013)

La inmensa mayoría de los problemas sociales, políticos y económicos que acucian a los países llamados peyorativamente PIIGS ("pigs" en inglés significa cerdos), Portugal, Irlanda, Italia, Grecia y España en particular y a Europa en general, por no extendernos al mundo entero, tienen su origen en la ola de neoliberalismo que nos invade.

Y, quizás, algunos de ustedes se preguntarán ¿qué es eso del neoliberalismo? .Antes de definir el nuevo liberalismo deberíamos saber en qué consiste el liberalismo.

El liberalismo es un sistema filosófico, económico y político surgido en el siglo XVII que se opuso a las regulaciones económicas del Antiguo

Régimen absolutista y permitió el desarrollo de la economía de mercado y el auge del capitalismo.

En lo político inspiró la organización de los estados de derecho con poderes limitados, sometidos a una constitución que debería limitar sus funciones a la seguridad, la justicia y a las obras públicas.

Además de la división de poderes el liberalismo consagró el individualismo, la igualdad de las personas ante las leyes, la permisividad religiosa y la sacrosanta propiedad privada.

En el Estado Moderno se creía que la pobreza y el desempleo no eran debidos a causas económicas sino *"a nada más que a la relajación de la disciplina y a la corrupción de las costumbres"* según afirmaba John Locke, considerado el padre del liberalismo, en 1697. Si comparamos la afirmación anterior con las declaraciones actuales de José Ángel Gurría, secretario general de la OCDE, Organización para la Cooperación y el Desarrollo Económico, en las que sostiene que *"un parado de larga duración puede haber adquirido malos hábitos como el de no trabajar"* veremos que hay quien no ha evolucionado absolutamente nada en su pensamiento desde el siglo XVII, por lo menos.

Así pues la pobreza no sólo no se consideraba un problema de estado sino que además era un elemento que incapacitaba para la participación política.

Durante el siglo XVIII diversos movimientos igualitarios, democráticos o filantrópicos plantearon la cuestión de la pobreza como un problema estatal y sostuvieron que ésta generaba obligaciones sociales hasta conseguir el loable adelanto de que se pasara de la caridad a la beneficencia. En el estado actual de estas cuestiones parece que vamos hacia atrás pues nos están despojando de la sanidad, la educación y las pensiones públicas, derechos adquiridos, pagados con nuestros impuestos y elementos que configuran la redistribución de la riqueza, y se nos empuja otra vez al sector privado si se poseen recursos o a la beneficencia e, incluso, a la caridad si se carecen de ellos. Consecuencia, como decíamos, de la ola de neoliberalismo que nos invade puesto que éste no es más que la esencia del liberalismo, su parte más radical que propugna tanto reducir el Estado a su mínima expresión en asuntos económicos y sociales como la defensa a ultranza del mercado libre capitalista y la globalización de éste. Su idea es que debería permitírsele al mecanismo del mercado dirigir el destino de los seres humanos sin que el estado intervenga protegiendo a los ciudadanos .La economía debe dictar sus reglas a la sociedad y no viceversa.

A "los mercados" se les debe permitir tomar decisiones no sólo económicas sino sociales y políticas importantes, el Estado debe reducir su papel y dar completa libertad de actuación al capital financiero, a las corporaciones multinacionales y restringir la actividad de los sindicatos.

Estas son algunas de las aspiraciones del neoliberalismo que está consiguiendo y si no somos capaces de detenerlo nos llevará irremediablemente a la demolición de la sociedad tal como la conocemos.

Para muestra un botón: Warren Buffet, inversionista multimillonario estadounidense y una de las personas más ricas del mundo, declaraba el 26 de noviembre de 2006 a The New York Times, el prestigioso diario creador de opinión,: *"Desde luego que hay una guerra de clases, pero es mi clase, la clase rica, la que la está haciendo y estamos ganando".*

¿Dónde y cuándo surgió el neoliberalismo?

El neoliberalismo tomó cuerpo ideológico a mediados del siglo XX en la Escuela de Economía de Chicago, departamento perteneciente a la Universidad homónima, institución de enseñanza privada fundada a finales del siglo XIX con los fondos donados por el magnate del petróleo John D. Rockefeller, presidente y principal accionista de la Standard Oil Company y fundador de la dinastía que lleva su nombre.

Hoy la Universidad de Chicago es una de las universidades más prestigiosas del mundo con un total de 87 premios Nobel en su haber. Desde 1970 hasta 2007 los profesores, alumnos o investigadores que han tenido relación con la Escuela de Chicago han cosechado 23 premios Nobel de Economía de los que sólo vamos a citar los más conocidos: Milton

Friedman en 1976, Theodore Schultz en 1979, George J. Stigler en 1982, Merton H. Miller en 1990, Ronald Coase en 1991, Gary Becker en 1992, Robert Fogel en 1993, Robert Lucas en 1995, James Heckman en 2000 y Roger B. Myerson en 2007. Esta lista incompleta pero abrumadora puede darnos una idea de la enorme influencia que ejerce esta línea de pensamiento sobre los economistas y políticos de todo el mundo.

A modo de curiosidad apuntaremos que el primer presidente mulato de los Estados Unidos de América, el demócrata Barack Hussein Obama II, fue profesor de Derecho Constitucional y catedrático en la Facultad de Derecho de esta prestigiosa universidad durante 12 años y, todavía hoy, sigue manteniendo su domicilio particular en el campus de Hyde Park.

Para implementar sus dogmas crean redes internacionales de fundaciones, institutos, centros de investigación , "think tanks" y "lobbys" financiados por sus patrocinadores; fundan publicaciones, contratan a intelectuales, escritores, periodistas y mercenarios de las relaciones públicas para adornar y vender sus ideas doctrinarias. Quieren hacernos creer que el neoliberalismo es el único orden social y económico posible aunque haya causado desastres por doquier.

Pretenden ejercer, y lo están consiguiendo en buena medida, aquello que Antonio Gramsci llamaba "la *hegemonía cultural*"; disponen de dinero más que suficiente para fabricar y propagar el nuevo orden y controlan instituciones al más alto nivel donde forjan las ideas y las van filtrando al resto de la sociedad.

Los ciudadanos de a pie no influimos en las decisiones de la Unión Europea, empeñada en destruir todos los servicios públicos que le sea posible, ni en las del Banco Central Europeo, ni en las del Banco Mundial, ni en las del Fondo Monetario Internacional, ni en las de sus acólitos, verdaderos directores de la orquesta que forman los políticos quienes, a la postre, tocan al compás que les indica la batuta, "los mercados". En el régimen de la globalización neoliberal en el que vivimos las finanzas dirigen la economía y ambas determinan un mundo profundamente desigual.

Es una doctrina dogmática con sacerdocio e instituciones proveedoras de leyes e infierno asegurado para los pecadores que osen contestar la verdad revelada.

Y las ideas tienen consecuencias.

El neoliberalismo rompió el contrato social (seguridad, estabilidad y equidad) vigente desde la Segunda Guerra Mundial en Occidente. En la década de los 70 cooperó con la dictadura militar de Augusto Pinochet; en los 80 alcanzó una gran notoriedad con Margaret Thatcher en Inglaterra y Ronald Reagan en los EEUU; en China colaboró con el Partido Comunista para crear el famoso *"Un país, dos sistemas"* de Deng Xiaoping haciendo posible que coexistan una política comunista con una economía capitalista con el resultado que todos conocemos hoy: la enorme desigualdad entre los chinos. Ya se mostró, por aquel entonces, como la ideología que mejor defiende a los ricos y cuyo lema podría ser: Menos Estado y más mercado.

Milton Friedman, profesor y alma mater de la Escuela de Economía de Chicago, junto con su colega George Stigler pueden ser distinguidos con el dudoso honor de la paternidad de la corriente económica llamada neoliberalismo que hace suya la frase de Adam Smith escrita en su célebre obra *La riqueza de las naciones* publicada en 1776 : *"Todo para nosotros y nada para los demás"*.

Mejor depretalismo

Existen tres pilares que son fundamentales para el neoliberalismo y que al lector de estos tiempos en los que escribimos este ensayo con intenciones divulgativas le sonarán, desgraciadamente, sobremanera :

1.-**De**sregularización de los mercados financieros y laborales;

2.-**Pri**vatización de los servicios y las empresas públicas y

3.-**Re**cortes en los gastos sociales.

Depretalismo es el acrónimo formado por las iniciales de estos tres pilares más la sílaba final del sustantivo capital y el ismo que indica tendencia o doctrina.

Es un neologismo que define mejor a esta doctrina llamada hasta ahora neoliberalismo, veamos por qué.

La desregularización de los mercados financieros y laborales no pretende sino imponer otro de sus dogmas fundamentales, la remuneración del capital en detrimento del trabajo. Se gravan con más impuestos las rentas del trabajo que las del capital, estimulando de esta manera a ganar dinero con el dinero y no con el fruto del trabajo; cuestión que se nos antoja inmoral.

Con las políticas diseñadas para proporcionar a los ricos más ingresos disponibles a través de las bajadas de los impuestos y menos ingresos a los trabajadores por medio de la bajada de los salarios, la subida de los impuestos indirectos y los precios se tiende a la desigualdad.

Se justifica esta política aduciendo que los ricos invertirán más y, por lo tanto, se crearán más empleos; la realidad es que se crean burbujas financieras que proporcionan desorbitados beneficios a unos pocos y extienden la pobreza a la mayoría cuando nunca ha existido tanta riqueza.

La razón de la privatización de los servicios y de las empresas públicas no es ni la eficiencia económica ni la mejora de los servicios a los ciudadanos, aunque nos quieran hacer creer, poniendo en marcha su impresionante maquinaria de propaganda, que el sector privado siempre supera al público en cuanto a costes, calidad y precio para el consumidor sino la transferencia de los bienes públicos a los bolsillos de una minoría de grandes inversores.

Privatizar los beneficios y socializar las pérdidas es otra consigna del depretalismo.

Mientras se rescata a los bancos privados con decenas de miles de millones se recorta en gastos sociales, sanidad, educación y pensiones públicas, los auténticos motores de la redistribución de la riqueza y de la cohesión social de un país.

Asimismo el depretalismo propugna como bases de su existencia el libre comercio de bienes y servicios, la libre circulación de capitales y la libertad de inversión; cuestiones que, sin la moderación de los Estados, pueden llevar a la ruina de los productores locales, a que los capitales acaben en paraísos fiscales sin pagar impuestos en ningún lugar mientras las personas, sobre todo las que tienen su origen en países pobres, podemos tener serias restricciones para establecer nuestra residencia donde más nos convenga y a que se puedan invertir ingentes cantidades de capitales atendiendo sólo a la rentabilidad económica para sus propietarios y no al bien común.

El estado del bienestar, el Estado social y democrático de derecho, como se define España en su Constitución de 1978, es un sistema de protección pública, un sistema de redistribución de las rentas y un regulador de "los mercados"; así pues podría plantearse la cuestión de que las reformas que están llevando a cabo estos gobiernos de turno son, además de injustas, profundamente anticonstitucionales.

La igualdad y la seguridad proporcionan, además de justicia, felicidad.

El Índice de Satisfacción con la Vida mide el bienestar subjetivo de las poblaciones y lo encabeza el Reino de Dinamarca, uno de los estados de bienestar más modernos y desarrollados del mundo que garantiza una extensa protección social para sus ciudadanos y redistribuye la riqueza con equidad.

Es un sistema igualitario y universal, todos sus ciudadanos tienen los mismos deberes y derechos independientemente de la posición que ocupen en la sociedad. Es un país pequeño en el que existe una gran confianza entre sus ciudadanos, la transparencia política es enorme y el país menos corrupto del mundo. Los daneses aceptan mayoritariamente los elevados impuestos porque saben que su dinero se administra con eficiencia y honradez para beneficio de todos y se sienten orgullosos de ello.

En este asunto deberíamos seguir el ejemplo de la Constitución española de 1812, llamada popularmente La Pepa, que en su Capítulo III, artículo 13, rezaba : *"El objeto del Gobierno es la felicidad de la Nación, puesto que el fin de toda sociedad política no es otro que el bienestar de los individuos que la componen"*.

Otras características del depretalismo

Los depretalistas aprovechan las catástrofes naturales, las guerras, o las crisis sobrevenidas o creadas para imponer sus ideas, mediante una estrategia que Naomi Klein describe como *"la doctrina del shock"*, aprovechándose del desconcierto y de la desorientación causados en la ciudadanía por estos desastres pues en tiempos normales no se aceptarían democráticamente.

Sirvan a modo de ejemplo las políticas económicas y sociales que siguieron a la Guerra de las Malvinas en 1982, al 11-S de 2001, a la invasión de Irak en 2003, al tsunami de Indonesia en 2004, al huracán Katrina del 2005 o a las reformas en Bolivia de los 80, a las de Polonia, Rusia y Sudáfrica en los 90 y a las de los llamados Tigres Asiáticos (Hong Kong, Singapur, Corea del Sur y Taiwán) en 1997.

La democracia es un estorbo para el depretalismo.

"El orden mundial del capital financiero no puede funcionar sin la complicidad activa y la corrupción de los gobiernos instalados en el poder", Jean Ziegler, doctor en Derecho y Ciencias Económicas y Sociales, profesor de La Sorbona y Relator Especial de la ONU dixit.

Milton Friedman en su libro *Capitalism and Freedom* sostenía que *"sólo una crisis, real o percibida, da lugar a un cambio verdadero"*.

No se trata de la única solución posible, como suelen pregonar, sino de una estrategia muy bien planificada para favorecer a unos pocos y perjudicar a la mayoría obteniendo el máximo beneficio en el plazo más corto de tiempo, finalidad última del depretalismo.

Actúan como depredadores puesto que están convencidos de que los recursos, la producción y el consumo son ilimitados y, pese a sus buenos modales e imagen, no piensan a largo plazo sino en el instante y en satisfacer su instinto, que no es otro que el de acumular riquezas.

Son adeptos de la secta de los adoradores del becerro de oro.

Utilizan el miedo como sistema de control, como guardián. Da la impresión de que Grecia, Portugal y España se han convertido en laboratorios donde experimentan hasta qué nivel de sufrimiento puede aguantar la gente sin rebelarse.

No sabemos hasta dónde seremos capaces de soportar, ni hasta cuándo, pero sí sabemos que hay una ley histórica inexorable, que se cumple en todas las sociedades y en todos los tiempos, y ocurre que, cuando acaecen tamañas desigualdades, las riquezas se acumulan en pocas manos y la mayoría se reparte la miseria, estalla, de una manera u otra, la violencia.

Si de algo ha de servir esta crisis, la crisis de los borregos, es para plantearse cuál es el objetivo de nuestras vidas. No olvidemos que la etimología de la palabra crisis se halla en el griego clásico con el significado de *"acción de elegir, elección; desenlace; resultado; terminación"*.

LA ESTAFA PIRAMIDAL

Juan Carlos Vicente Casado

Los bancos que asesoran en la inversión a la mayoría de los europeos fueron los primeros en caer en la trampa urdida por el financiero neoyorquino Bernard L. Madoff. La mayor estafa piramidal de la historial afecta así a lo más granado de la aristocracia bancaria europea. Gigantes como el Santander, el BBVA, el Royal Bank of Scotland (RBS) y el BNP Paribas han tenido que reconocer en las últimas horas que ellos, y con ellos sus clientes, también picaron.

(Diario de Mallorca, 16 de diciembre de 2008)

Corría el año de gracia de 1.992 cuando recibí una llamada telefónica de una tienda de ordenadores en la que había comprado material no hacía mucho tiempo, llamada en la que me convocaban para asistir a una reunión que me podía interesar. Inocente como soy para estas cosas, allí me presenté pensando que me iban a mostrar el último invento de Microsoft o quizás algún artilugio que convertiría mi ordenador en una máquina milagrosa al estilo de los que tenemos ahora. ¿Y qué me encontré? A un par de tipos desalmados intentando venderme algo de lo que ya ni me acuerdo, basándose en una organización de tipo piramidal: Yo tenía que hacer lo mismo que ellos estaban haciendo con mis amigos y conocidos para que ellos lo hicieran a su vez con sus amigos y conocidos y éstos con los suyos, en una línea que parecía no tener fin. Parecía el chocolate del loro, ya que cobraríamos una parte de las ventas de todo lo que hicieran aquellos a los que indirectamente hubiésemos introducido en el sistema.

La cosa me pareció una falacia así que decidí no entrar al trapo y dejar de comprar en la tienda de aquellos idiotas que habían querido estafarme de semejante manera, pero me dio que pensar. Pensé en las señoras que hacían las reuniones para vender baterías de cocina, en los productos de limpieza que se repartían puerta a puerta sin pasar por los cauces comerciales habituales y en todos esos vendedores más o menos clandestinos que pertenecían a grupos empresariales poco visibles pero que intentaban colocarnos productos carísimos. Me di cuenta de que tanto las cazuelas milagrosas (ahora reemplazadas por la celestial Termomix) como las enciclopedias en las que te regalaban el oro y el moro sólo por acudir a la demostración, como toda aquella química doméstica que nos vendían aquellas mujeres que sabían explotar como nadie la confianza de nuestras madres podían obedecer a una pirámide de estas: Los vendedores se organizaban en grupos de trabajo en los que cada uno cobraba una parte de los ingresos de todos aquellos que estuvieran por debajo. El resultado era que el precio del bien vendido acababa siendo altísimo y el pagano acababa siendo el consumidor final, al que engañaban con argucias simples pero efectivas.

La cosa podía haberse quedado ahí y no habría pasado a mayores, al fin y al cabo tampoco se compran tan a menudo cazuelas milagrosas, vajillas de porcelana de no sé dónde o enciclopedias que lo abarcaban todo. Lo malo fue cuando, tras descubrir los ingentes beneficios que el sistema producía a los que estaban más arriba en la jerarquía, el resto de los empresarios se apuntaron al carro. Era estúpido porque ellos ya ganaban suficiente con la organización jerárquica tradicional en la que los trabajadores recibían un salario y ellos el grueso de los beneficios, pero supongo que se les ocurrió que si primaban de esa forma a los mandos intermedios de su organización quizás obtendrían aún más. El caso es que la organización de las empresas pasó a ser aparentemente más horizontal, con grupos de trabajo que se planteaban objetivos concretos y mensurables, y en los que se repartían dividendos en el caso de conseguir la ganancia esperada, ganancia que iba en consonancia con los criterios que establecía el todopoderoso empresario que, una vez más, estaba situado en el punto más alto de la jerarquía, ahora disfrazado como jefe de un Consejo de Administración o algo parecido.

La conversión de las empresas en pirámides se produjo en prácticamente todos los ámbitos de actividad, lo que llevó a un encarecimiento de los bienes y servicios que se prestaban. El personal se convirtió en lo más caro de cualquier organización ya que había que pagar a los currantes de a pie, dar su parte a todos los mandos intermedios y procurar incrementar hasta más allá de lo esperable las ganancias de los dirigentes. La empresa dejó de ser una entidad que se dedicaba a prestar un servicio a la comunidad a cambio de dinero para convertirse en una fuente de recaudación de ese dinero para sus directivos y el resto del personal.

El resultado ya lo conocemos todos. De repente todo el mundo se volvió loco para conseguir más y más dinero que les permitiera pagar cantidades cada vez menores de mierda con cantidades cada vez mayores de oro, en una carrera sin fin hacia el abismo. Los ricos se hicieron cada vez más ricos y los pobres cada vez más pobres, y eso se extendió a los Estados, que se integraron en pirámides a cuya cabeza están esos seres desconocidos a los que todos llaman "los mercados".

Los borregos están en crisis porque la avaricia rompe el saco, pero afortunadamente no hay mal que cien años dure.

EL DINERO COMO CAUSA DE TODOS LOS MALES

Juan Carlos Vicente Casado

El dinero corrompe. Reclama una adoración por nuestra parte, es muy difícil ver en el dinero un puro instrumento que nos facilita la vida. Cuando tienes un duro en el bolsillo no piensas qué hacer con él sino cómo encontrar la manera de que se convierte en dos. El dinero siempre se convierte en un sucedáneo de Dios porque genera idolatría. Así ha sido a lo largo de la historia hasta nuestros días, hoy vemos la apoteosis de ese culto al dinero que es el capitalismo financiero. Nos hemos encadenado a él, incluso a costa de renunciar a lo que hemos construido.

(Juan Manuel de Prada, 8 de enero de 2013)

Crisis, borregos, depretalismo. Llevamos un buen número de páginas dándole vueltas a los cambios se han producido en nuestras vidas en los últimos años, y lo hemos hecho desde varias perspectivas diferentes que inevitablemente giran en torno a la economía, un sistema de intercambio que se basa en el dinero.

Necesidades humanas y necesidades borregas

Más que de dinero deberíamos hablar de necesidades. Nuestro cuerpo ha de mantener un estado de equilibrio, es una máquina casi perfecta que va perdiendo efectividad con los años, capaz de mantener una temperatura constante y realizar las funciones vitales siempre y cuando se le dé la alimentación adecuada y un entorno no demasiado hostil. Pero no somos sólo un cuerpo, también tenemos eso que algunos llamarían alma, mente o personalidad. Las necesidades más intrínsecamente humanas no son las fisiológicas sino las otras, las psicológicas o personales.

Hace ya muchos años el psicólogo humanista Abraham Maslow creó una jerarquía de necesidades, la llamada "Pirámide de Maslow", que las organiza en función de su relevancia. Lo que plantea es que lo primero que hay que satisfacer son las fisiológicas como la alimentación, la respiración, el descanso, el sexo y el equilibrio del cuerpo. En un segundo nivel se encontrarían las de seguridad, en el tercero las de afiliación relacionadas con amistad, afecto e intimidad sexual, en el cuarto el reconocimiento y en el último todo lo relativo a la autorrealización: Moralidad, creatividad, espontaneidad, falta de prejuicios, aceptación de hechos y resolución de problemas.

El planteamiento de Maslow es un clásico en el terreno de las necesidades humanas y, aunque no ha estado exento de críticas por diferentes razones, parece un buen punto de partida para entender la deriva a la que está sometida la sociedad actual y lo alejados que están los borregos de este planteamiento que es, ante todo, humanista.

Analicemos dónde se coloca un borrego en la jerarquía. Ni que decir tiene que da por asumidas sus necesidades fisiológicas ya que le parece inconcebible pasar hambre, sed, no poder descansar o no disponer de sexo. Igual de inconcebible le parece no tener seguridad ni económica ni física, y el afecto le importa poco porque es consciente de que si tiene todos los símbolos sociales que ha luchado por poseer siempre tendrá personas a su lado para que le apoyen. Por supuesto ha de gozar de reconocimiento por esa misma razón. Pero la llegada del borrego al punto más humano de las necesidades, el de la autorrealización, nos hace ver lo equivocado que estaba Maslow. ¿Para qué quiere un ser humano ser creativo, espontáneo, carecer de prejuicios, aceptar los hechos o aprender a resolver los problemas? Este nivel no existe en la sociedad actual,y tanto las necesidades de afiliación como de reconocimiento se ven corrompidas por la completa negativa a enfrentarse a la posible falta de seguridad.

El mundo de un borrego siempre ha de ser predecible, se estructura en torno a la obtención de la absoluta seguridad de que nunca va a ocurrir nada que turbe su paz. Y esto no se consigue desde una mentalidad basada en la resolución de problemas, la creatividad o la espontaneidad, sino desde la consecución plena de los objetivos ayudado por su religión: La adoración al becerro de oro.

En este mundo borrego es difícil tener amigos y ser valorado por lo que uno es, sino por lo que aparenta. El dinero es la fuerza que todo lo mueve.

El dinero como medio

El borrego vive en el autoengaño que le permite creer que todo es bueno, que en su vida no va a haber sufrimiento, que nada va a cambiar a peor y que podrá conseguir lo que se proponga con sólo pensarlo. Ve a los demás como medios para conseguir sus fines y piensa que la felicidad se compra en las tiendas. Incapaz de entender la necesidad de autorrealización y de poner en marcha los mecanismos que le permitan alcanzarla, utilizará los recursos a su alcance para satisfacer sus necesidades fisiológicas y de seguridad. Su pirámide no va más allá del segundo escalón, el segundo de cinco.

Es triste pensar que estos sujetos no han llegado ni siquiera al tercer nivel, que todo lo que va más allá de conseguir conservar su seguridad a cualquier precio no es más que un medio cuando debería ser un fin en sí mismo. Entristece ver cómo sus relaciones no son de amistad ni de afecto sino un mercado en el que se invierte para obtener algo, y cómo sólo admiten una forma correcta de hacer las cosas: La suya. Más triste aún es pensar que la mayor parte de quienes tienen algún tipo de poder en nuestras vidas son los seguidores de esta arcaica religión.

Su dominación se basa en dos principios: El empleo del dinero para conseguir todo lo que se propongan y la imposición de su mentalidad mercantil y consumista para que el dinero tenga un valor irresistible.

Dinerito para "vivir mejor"

El dinero es, pues, el medio para "vivir mejor", la panacea que resolverá todos los males. Cuando están enfermos esperan que con él puedan pagar a los mejores médicos, cuando tienen que desplazarse de un lugar a otro esperan poder hacer el viaje en el avión más grande, más cómodo y más rápido, cuando tienen que comer confían en que la marca de más prestigio sea la que cuidará mejor de su salud, y cuando están solos y aburridos es el dinero el que les abre las puertas de las tiendas que pueblan las ciudades de las que sólo salen para hacer eso que ellos llaman "viajar".

"Era un hombre tan pobre que sólo tenía dinero". La cuestión no es tenerlo, es recuperarlo cuando lo dilapidan en compras que intentan llenar un vacío al que no llegan. Siguiendo los dictados de la adoración al borrego de oro nunca tendrán suficiente y siempre sentirán la necesidad de reponerlo para poder seguir "viviendo mejor". Es posible hacerlo trabajando, pero más sencillo si consiguen establecer una clara diferenciación de funciones: Otro trabaja y ellos gastan. O los dos trabajan pero sólo el borrego gasta. O los dos gastan, y entonces tenemos a dos borregos pastando en la misma pradera.

Dinerito "irresistible"

Lo que hace realmente irresistible al dinero es que, hoy por hoy, es el único medio para conseguirlo todo: Una casa más grande, un coche más lujoso, la compañía de otros seres humanos, la posibilidad de "viajar", el poder sobre los demás, todo puede lograrse con la inversión adecuada porque todo en este mundo tiene su precio. Vivimos, y no podemos olvidarlo, en un sistema económico depretalista.

Es el depretalismo lo que nos ha llevado al lugar en el que estamos. El haber dejado que nuestras vidas se guíen por los criterios económicos de la Escuela de Chicago y el maldito Milton Friedman, por los mercados y las personas que están detrás, esos ludópatas que sólo se ven satisfechos si manejan cifras cada vez más grandes mientras olvidan que eso está enviando a la miseria a miles, millones de seres humanos.

Hemos perdido el norte y, sí, estamos locos, o nos lo hemos vuelto. Los burguesitos de las ciudades, locos por aparentar, por "vivir mejor", por tener el suficiente dinero para dilapidar en gastos absurdos. Los mangantes (que no magnates) de los mercados, por obtener cifras astronómicas y jugar con ellas al Monopoly, a ese juego abstracto que cuesta vidas mientras ellos siguen encerrados en sus burbujas, rodeados del lujo que los burguesitos añoran en su fuero interno. Nos hemos vuelto locos por el dinero, y no nos hemos dado cuenta de que hemos convertido la vida en un juego en el que nosotros somos los peones.

No, señores, ya lo decía Carlos Goñi hace muchos años. Nadie se hace rico a fuerza de trabajar. Pero es que no tenemos que aspirar a ser ricos, ni a hacer de las tiendas la razón de nuestra existencia. Salgamos del rebaño, aún estamos a tiempo.

ATA N BELS: Leyenda monetal ibérica en un dracma emporitano que bien podría traducirse por "Castigo (N) del Señor". (Ramón de Fussimanya, 2013)

DESABORREGARSE, DESDEPETRALIZARSE

Juan Carlos Vicente Casado

La verdadera crisis es la crisis de la incompetencia. Trabajemos duro. Acabemos de una vez con la única crisis amenazadora que es la tragedia de no querer luchar por superarla.

(Frase atribuida a Albert Einstein en los foros de internet)

No estamos locos, aunque no sean pocos los que han perdido el norte o se han dejado guiar por los cantos de las sirenas hacia rocosos acantilados en los que se van a estrellar sin remisión. Supongo que ellos pensarán que somos nosotros los que no tenemos una referencia de hacia dónde ir, los que nos consideran descerebrados porque no acudimos al agradable sonido que llega a nuestros oídos, el sonido del dinero, de la riqueza, de la ostentación, el consumismo, la envidia, la crítica, el victimismo, el buenismo y tantos otros ismos que nos persiguen y nos idiotizan.

Tenemos que gritar ¡basta ya!, ponernos manos a la obra. Esto ni puede ni debe seguir así. El empobrecimiento del Estado lo es de cada uno de nosotros incluso aunque nos llevemos el dinero a bancos paraguayos o emigremos a vivir a Madagascar, entre otras cosas porque siempre dejaremos aquí gente que no puede hacer lo mismos que nosotros y que va a sufrir las consecuencias de nuestra cobarde huida. ¿Qué podemos hacer?

Ver más allá de nuestras narices

No estamos solos, que sabemos lo que queremos, decía una canción. El borrego es egocéntrico, sólo se preocupa de unas necesidades que cree suyas pero vienen impuestas por el sistema social con el que ha decidido mimetizarse. Aborregarse no sirve porque este sistema está corrupto, ha sido tocado por la varita oscura del depretalismo más atroz, ese que nos está vendiendo a las multinacionales y convirtiéndonos en peones de una partida de ajedrez entre personajes aún más oscuros.

Cambiemos nuestra mentalidad, pensemos por nosotros mismos, y dejemos de considerar que el Estado es un ente abstracto que está ahí para darnos dinero en situaciones de necesidad ficticia además de para financiar hasta el último de nuestros caprichos. Volvamos a nuestras raíces, y considerémoslo como lo que es: La comunidad de vecinos de todos los que habitamos en este trocito de tierra que se ha dado en llamar España.

La gestión de nuestros grupos

Todo esto tiene que ver con la gestión de nuestras pequeñas vidas y de las grandes organizaciones sociales que, supongo, fueron diseñadas para resolver grandes problemas sociales. Podríamos remontarnos a los tiempos de Adán y Eva o un poco después, pero creo que con arrancar desde la época de mis abuelos bastará.

Intentaremos entender el funcionamiento de la sociedad basándonos en las instituciones que se van creando para afrontar los conflictos y quizás así dejemos de ver al Estado como opresor y como algo a vender al primer postor que pase por allí.

Mis abuelos

Mark Knopfler es uno de mis músicos favoritos. Allá por 1982 más o menos grabó con su grupo Dire Straits un disco titulado *Love over gold* en el que se incluía la canción *Telegraph Road*, la historia de una población creada en un lugar en el que un hombre se bajó de un camión, dejó su carga donde pensó que era el mejor lugar y creó un hogar en el mundo salvaje. Luego vinieron las iglesias, las escuelas, las carreteras... y el viejo camino por el que él llegó allí se convirtió en carretera. Después abogados, leyes... y no sé cuántas cosas más.

En mi pueblo ocurrió algo parecido. Hace muchos años unas tierras vacías se repoblaron con gente que venía de otros lugares, creo que los llamaban Foramentanos. Crearon pequeñas colonias que se autoabastecían y pagaban una parte de su producción a un tipo al que ellos llamaban "el marqués", que debía ser el propietario legal de todo aquello. Mis antepasados eran agricultores y ganaderos en tierras de secano, y a mis abuelos les tocó vivir la Guerra Civil en una zona en la que no había combates militares pero sí un buen número de asesinatos por parte de individuos que decían adscribirse a un bando y otro pero que lo más probable es que actuasen movidos por envidias, rencores y afanes de venganza variados.

Agricultores y ganaderos, predominantemente. Tenían unas pocas vacas, unas cuantas ovejas y pequeños trocitos de tierra diseminados por un territorio. Los más ricos caballo, los menos burro, y aunque la mayoría apenas sabían leer recibían de vez en cuando alguna carta que les repartía un hombre que pasaba por la carretera en una vieja furgoneta. Comían lo que recogían, hacían el pan con el grano que almacenaban en los sobraos de sus casas, obtenían la leche de sus vacas, cabras y ovejas y cocinaban los huevos de las gallinas. Mataban uno o dos cerdos una vez al año, comían esa carne el resto del tiempo y cuando tenían necesidad de obtener dinero vendían una parte de su producción. Por no tener, no tenían ni servicio en casa y lo más avanzado tecnológicamente era el aparato de radio que entró en sus vidas cuando nosotros éramos muy pequeños.

Recuerdo a mis abuelos mucho más felices que lo somos nosotros ahora rodeados de tecnología, de posesiones materiales, con la posibilidad de huir a ninguna parte metidos en un avión, en un tren que se desplaza a trescientos kilómetros por hora o en un coche al que sólo le falta conducirse solo. Miro para atrás y siento envidia de sus relaciones cercanas, definidas, y en las que (tal vez sorprendentemente para algunas ideólogas del género) no existía esa dominación masculina clara que nos cuentan y tenemos que creer como dogma de fe.

En el pueblo desarrollaron un interesante sistema de Seguridad Social: Pagaban una cantidad cada uno para poder ir al médico cuando enfermaban, y cuando se morían vacas, caballos o burros se abonaba entre todos el precio de un nuevo animal para su dueño. Cada uno tenía que labrar sus tierras, ocuparse de su ganado y buscarse la vida para sobrevivir, pero si tenía una pérdida importante sus vecinos le ayudarían a capearla parcialmente. Supongo que después llegó el Ayuntamiento con su alcalde, sus concejales, su alguacil y toda la parafernalia, el SOVI y los inicios de la Seguridad Social estatal.

Nosotros somos españoles del siglo XXI. La mayoría de los habitantes de este país pensaría que mis abuelos vivieron en la miseria de la pre y la posguerra, y lo entendería "empáticamente" como fruto del momento social que les tocó vivir mientras se relamería los bigotes pensando en lo que hemos progresado y lo lejos que estamos de todo aquello. Ahora si el banco quiebra el Estado asume la deuda, si haces un negocio y te enriqueces no pasa nada pero si te empobreces también arruinas a tus acreedores, si te quedas sin trabajo tienes derecho a prestaciones para cubrir tus gastos mientras encuentras otro empleo y si se te acaban ya te las prolongarán como puedan, si necesitas una vivienda en alquiler recibirás ayudas públicas para ello, y para comprar los libros de texto de tus hijos, y para... el Estado se ha convertido en la fuente de dinero para cubrir todas las necesidades de todos los ciudadanos de este país. Y allá donde el Estado no llega ya lo hará alguien, para que un grupo de población, exactamente esos borregos que no hacen otra cosa en este mundo que generarse necesidades que satisfarán comprando, puedan seguir haciéndolo.

No estoy en contra de que el Estado dé prestaciones a los ciudadanos, de que nos pague la vaca cuando se muere por una causa inesperada. De lo que estoy en contra es de que el Estado nos pague esa vaca y las diez que se nos mueren de hambre mientras nos marchamos tres meses de vacaciones a la Patagonia. Una cosa son las prestaciones sociales y otra muy distinta el facilitarle la vida a quien ha venido a este mundo a aprovecharse de los demás, y creo que eso todos lo entendemos.

Vivir en soledad

Vámonos al siglo XXI, y dejemos de momento a un lado las reflexiones sobre cómo se organizaban mis abuelos. Vamos a intentar entender cómo funciona la economía a gran escala basándonos en el funcionamiento de la economía a pequeña escala.

En la época del *XXI Century Schizoid Man* que interpretaban King Crimson, y por mucho que en el Génesis decía aquello de "No es bueno que el hombre esté solo", las unidades de convivencia compuestas por una persona son de lo más común y la primera base de nuestra organización social. Ahora con el término "single" se habla de individuos que tienen unos ingresos económicos y que deciden vivir en soledad aunque con todos los roces que quieran o puedan. Antes los llamaban "solteros" y esta palabra acababa teniendo un carácter peyorativo, parecía que se refería a todo aquel ser humano tan raro que era incapaz de encontrar a alguien con quien convivir. Ahora ser "single" es un motivo de admiración para todos aquellos que llevan tanto tiempo subidos en el tranvía de la vida en pareja que sueñan con el piso de treinta metros del Ikea y con no tener que escuchar las mismas sandeces día tras día.

El inconveniente de vivir solo es que te vuelves incapaz de soportar las manías de aquellos que en teoría deberían convivir contigo, la ventaja es que puedes hacer lo que te dé la gana siempre que te dé la gana sin que nadie te diga si está bien o mal. En el mundo de la vida de relación volverse egocéntrico puede no ser un problema porque por definición dejas de tener en cuenta lo que los demás piensen o sientan en relación a ti, y la libertad de actuar es algo que siempre resultará atrayente. En el de la economía las cosas son un poco diferentes.

Un "single" tiene ingresos, gastos y una capacidad de endeudamiento inmensa, al menos hasta ahora que los bancos parece que se han puesto más serios con los préstamos de lo que lo estuvieron hasta hace un par de años. Más o menos sabe con cuánto dinero cuenta y es libre de hacer con él lo que le plazca. Si le apetece un viaje a Singapur lo hace, si quiere un BMW, una moto de carreras o irse a cenar al restaurante de la esquina también. Con hacer frente a los gastos básicos de luz, agua, teléfono y calefacción, lo demás puede hacerlo a su libre albedrío, incluido endeudarse.

El single es la primera de las unidades económicas capaz de hacer eso que a gran escala nos lleva a hablar de la prima de riesgo. Muchas veces no tiene el dinero suficiente como para satisfacer tal o cual necesidad egocéntrica y entonces recurre al banco. Puede ser, por ejemplo, para comprarse una vivienda acorde a sus sueños, para irse a un viaje exótico, para adquirir muebles, ropa o complementos de hogar, un coche, el quad, la moto o lo que sea. Mediante una hipoteca o un préstamo personal, comprometiéndose a devolver acrecentado el dinero que se le ha prestado, consigue lo que quiere. A ello colaboran o colaboraron los bancos, para los que prestar dinero fue durante mucho tiempo la fuente más común de beneficios económicos.

Aunque no es muy frecuente en esta sociedad del siglo XXI, también es posible que caigan en el otro extremo generando una vida tan ascética y ahorradora que el dinero que ingresan no deje de ser nunca ese dinero virtual que los bancos manejan a su antojo. Sea de una forma u otra, es posible que el single sea una buena fuente de ganancias para los prestamistas.

¿Qué ocurre cuando hacen frente a las deudas? Afortunadamente nada. Ellos tienen sus juguetitos y sus caprichitos y el banco tiene su dinerito para poder hacer más préstamos, todos contentos. Pero cuando no pueden pagar es cuando surge el problema. Su prima de riesgo se dispara hasta el extremo: No pueden emitir más deuda porque el resto de los bancos se enterarán casi instantáneamente de que están en una lista de morosos, y los ingresos no son suficientes para permitirle pagar todo lo que deben. Acabarán en el juzgado declarándose insolventes. El banco no cobra, o cobra poco, pero esto no arregla nada porque habrán perdido su credibilidad como solicitantes de dinero prestado.

A veces, el single arruinado y desahuciado judicialmente se va a vivir a otro lugar lejano para empezar una nueva vida. En su mano está, pero en la de los Estados no.

La familia

La segunda unidad económica de nuestra sociedad del siglo XXI es la familia. Compuesta por al menos una pareja y con la compañía optativa de un hijo o más, su fin primordial es constituir una sociedad de bienes que permita la crianza de los hijos. Dos personas que conviven juntas sin intención de procrear no son una familia, sino dos singles que han creado una comunidad de vecinos, formato del que hablaremos un poco más adelante.

La familia también puede ser monoparental, compuesta por un adulto y uno o varios hijos, formato que está siendo cada vez más frecuente, y que tiene sus peculiaridades en relación al proceso de toma de decisiones.

Pensemos en una familia basada en una pareja que conviven juntos. En condiciones ideales deberían tomar de modo compartido las decisiones que afectan a todos los aspectos de la convivencia, cuestión económica incluida. Esto es poco común porque la capacidad para compartir es bastante excepcional en el ser humano y uno de los dos acaba dominando más o menos tácitamente al otro. La relación igualitaria es muy protectora para las cuentas del pequeño reino y dificulta endeudarse más allá de las posibilidades de abordar esa deuda, la relación basada en el patrón de dominación puede ser incluso más peligrosa que actuar como un single, porque en este caso el egocentrismo del dominador se ve reforzado por su percepción de control sobre la situación, un control a todas luces engañoso.

La unidad familiar tiene un buen número de gastos fijos y una cantidad desorbitada de gastos variables más o menos prescindibles relacionados con la crianza. Las demandas por parte del dominador-egocéntrico en relación a necesidades más o menos perentorias de los hijos junto con el asentimiento forzoso por parte del dominado llevan a que la emisión de deuda en las unidades familiares sea en muchas ocasiones tanto o más alta que en los singles, con el lógico peligro general.

Un single no traspasa sus deudas a los hijos, pero una pareja sí que lo hace. Cuando una familia se endeuda lo hace para esa generación y, si la cuantía es suficiente, también para generaciones posteriores. Cuando un Estado se endeuda, lo hace para generaciones y generaciones.

La comunidad de vecinos

Creo que la mayoría de nosotros no vivimos en casas aisladas en medio del campo, sino que lo hacemos en edificios compuestos por un montón de apartamentos mal llamados pisos, que comparten servicios comunes: Ascensores, limpieza de las escaleras, luz, impuestos, seguros y demás. Algunos, en teoría más privilegiados, viven en chalets adosados, pareados o incluso aislados, pero la mayoría de ellos comparten algo aunque sólo sea el servicio de vigilancia.

El caso es que cuando un grupo de personas comparten algún servicio común en sus viviendas es necesario por ley constituir lo que se llama una comunidad de vecinos. Se elige un presidente, a veces un secretario, se nombra un administrador y se crean libros de actas, cuentas bancarias y cuotas a pagar por cada uno de los que componen esa unidad de gestión. A diferencia del Estado, en la comunidad de vecinos es la junta de propietarios (una asamblea que convoca el presidente) quien toma las decisiones, que tienen que ser llevadas a cabo por los cargos, típicamente presidente y administrador.

La comunidad de vecinos se crea como medio de atender a los gastos comunes que son el resultado de la convivencia y de la necesidad de mantener las instalaciones compartidas por todos. No se ocupa de lo que ocurre de puertas para adentro a no ser que sea el resultado de un daño de puertas para afuera: nadie le pide a la junta de propietarios que le repare el secador de pelo ni la tostadora, pero sí las goteras de un tejado dañado. A diferencia del sistema de seguridad social que se utilizaba en mi pueblo, a esta gente les da igual que te mueras de hambre, te vayas a vivir a Singapur o decidas liarte con alguien del edificio de al lado, mientras pagues religiosamente tus cuentas y tengas un comportamiento respetuoso con el resto. La comunidad de vecinos nunca asegurará nada, aunque a veces contrate algunos riesgos con compañías de seguros.

Creo necesario insistir en que, aunque el fin primordial es la prestación de servicios comunes, lo realmente importante en esta organización es la cuestión económica: Ha de recaudarse suficiente dinero como para hacer frente a los gastos que se generen, pero no tanto como para que sobre y se esté reduciendo el poder adquisitivo de las personas que la componen. Aquí entra en juego la habilidad del administrador para mantener controlados los gastos ordinarios, y de la junta de propietarios para arbitrar qué gastos extraordinarios son necesarios y cómo pueden atenderse.

Un vecino no puede negarse a satisfacer las cantidades que adeuda a la comunidad. Físicamente sí está a su alcance, bastará con no ingresar el dinero en el lugar apropiado, pero la legislación al respecto es muy estricta y lo más probable es que tenga que abonar lo que debe unido a los gastos de abogado y procurador propios y ajenos. No compensa en modo alguno, y esto lleva a que el número de morosos en las comunidades de vecinos sea razonablemente reducido. De dónde obtiene el dinero para pagar la deuda es su problema, si se beneficia de los servicios comunes ha de pagar a la entidad que se ocupa de gestionarlos.

La regularización de los ingresos y gastos se realiza anualmente. El presidente convoca a una junta de propietarios a la que se presenta el balance de cuentas que han de aprobar como si se tratase de los Presupuestos Generales del Estado, sólo que a año vencido. Una vez aprobados se hace una estimación de lo que se puede ingresar y gastar al año siguiente y se establecen las nuevas cuotas para cada vecino, asignándose una parte de los gastos en función de la cantidad de terreno de cada uno y la otra a partes iguales. A partir de ahí cada uno tendrá que volver a buscarse la vida para recoger el dinero necesario para cubrir su parte de los gastos comunes.

No creo que sea posible expulsar a un vecino de la comunidad, al menos no por las vías tradicionales: Si has decidido convertirte en propietario tendrás que hacer frente al gasto que ello conlleva, y punto. Estamos ante un formato de organización que amplía el que se daba en la familia, pero que quizás sea de los que gocen de mayor protección ante los abusos y desmanes de la clase dirigente. La razón es que el presidente no es quien decide sino quien ejecuta, y que las decisiones las toma una asamblea compuesta por los vecinos. Esto es inviable cuando hablamos de una población de cuarenta y siete millones de personas, pero muy eficaz para que sigamos viviendo en nuestras casas con el menor quebranto posible a nuestra economía.

Claro que no es imposible que haya una mala gestión y que un presidente caradura o un administrador corrupto se fuguen con el dinero de todos. Pero, ¿cuánto pueden llevarse? ¿Las cuotas de uno, dos o tres meses? Eso nunca será el equivalente a los ingresos de la comunidad más la suma de los sueldos anuales de todos los vecinos, como ocurre con los gastos del Estado español.

El Ayuntamiento

Hasta ahora hemos visto formatos de organización privados, orientados al individuo y sus pertenencias. El paso al poder democrático y al mundo público se da cuando las personas deciden ampliar su territorio mucho más allá de la comunidad de vecinos y crean un municipio, la unidad básica de la organización territorial del Estado. Los habitantes de un territorio concreto se unen para tener servicios públicos como agua y alcantarillado, iluminación de las calles, limpieza y recogida de basuras, por ejemplo. Se crea así un municipio, y el Ayuntamiento se convierte en el órgano de gobierno de ese municipio.

El Ayuntamiento es la casa de todos, o al menos así debería ser. Esta expresión no se refiere al lugar en que cada uno habita, sino a la gestión que sus integrantes hacen de los recursos comunes. Se financia con las aportaciones de todos y cada uno de los miembros del municipio, al igual que ocurría con la comunidad de vecinos, y sus cargos no son rotativos o a sorteo sino que se eligen democráticamente entre los mismos habitantes. Los gobernantes de municipios pequeños no tienen ingresos por el cargo, ingresos que sí perciben cuando el tamaño y la responsabilidad se incrementa.

El Ayuntamiento es un Estado en pequeño, como lo era también en cierta medida la familia o la comunidad de vecinos, pero va teniendo rasgos que lo asemejan a sus hermanos mayores. El primero, y con el que nos habíamos encontrado parcialmente antes, es la profesionalización del personal que trabaja en él, no el de quien lo dirige. Recordemos que el presidente de la comunidad de vecinos era un cargo que se designaba típicamente por sorteo o siguiendo un orden prestablecido, mientras que el administrador solía ser algún técnico cualificado que se ocupaba de las tareas correspondientes. En muchos ayuntamientos alcalde y concejales, a pesar de ser elegidos en las urnas no reciben remuneración, pero tanto el secretario-interventor como los funcionarios y el resto de trabajadores sí que cobran un sueldo cuya cuantía está tipificada legalmente.

Un Ayuntamiento ingresa dinero que recibe por la vía de los impuestos y el cobro directo de algunos de los servicios que presta. Tiene también gastos derivados de esos mismos servicios, relacionados con el personal que los lleva a cabo o con el pago a la empresa que los ejecuta. La filosofía de una comunidad de vecinos hacía imposible pensar en que pudiera emitir deuda o tener déficit, lo que es desgraciadamente común en la mayoría de los Ayuntamientos que tienen que prestar servicios para los que no tienen suficiente financiación.

Los municipios, como la parte más pequeña del Estado, han sido posiblemente también la primera fuente de ruina económica de éste. Hay miles en España, y una buena parte de ellos han ido arrastrando un déficit crónico que con el paso de los años arroja cifras sonrojantes para los gestores. Se nos olvidó que era la casa de todos.

Diputaciones

Si el Ayuntamiento era la parte más pequeña del Estado, la Diputación es la parte más pequeña de la Corte (y mira que dudo si poner esta palabra con mayúsculas). Las diputaciones, entidades que pretenden gestionar las provincias, acaban convirtiéndose en refugios de políticos que, o no encuentran otro sitio, o quieren cobrar dividendos por partida doble o triple.

La idea que las originó no es mala: Los habitantes de un territorio necesitan servicios más globales que los que prestan los ayuntamientos y más concretos que los que presta el Estado. Según la Constitución Española de 1978, las diputaciones son quien gobierna las provincias, entendidas estas como "entidades locales con personalidad jurídica propia, determinada por la agrupación de municipios y división territorial para el cumplimiento de las actividades del Estado".

Es fácil preguntarse para qué queremos Ayuntamientos, Diputaciones, Comunidades Autónomas y Administración General del Estado. Si se trata de dar unos servicios a los ciudadanos y para cada decisión tiene que haber un político que ponga una firma en cada instancia la cuestión es una gran fuente de gastos. Parece lógico pensar que el Ayuntamiento, por su cercanía al ciudadano, es necesario, y que un Estado central o una Comunidad Autónoma también lo son, pero, ¿para qué sirve la diputación? ¿Para qué gestionar las provincias?

La respuesta es clara y meridiana: Para dar trabajo a la clase política. Los de Valladolid discuten con los de Palencia, los de Burgos con los de Soria, los de Zaragoza con los de Teruel y así sucesivamente conseguimos tener a un buen número de ·individuos tratando temas interesantes y favoreciendo nacionalismos provinciales en un país donde a nada que nos descuidemos sacamos bando propio y bando contrario a todo.

En España hay 41 diputaciones provinciales, de las que 3 son las diputaciones forales vascas, entidades locales que se ocupan de prestar servicios a los ciudadanos que los ayuntamientos no pueden darles, tarea que bien podría encomendarse a las comunidades autónomas, de las que resulta más difícil prescindir.

El Estado central

Por mucho que los políticos se empeñen en generarse puestos de trabajo en Diputaciones y Parlamentos Autónomicos (de los que hablaremos un poco más adelante), lo que realmente articula la prestación de servicios a los ciudadanos y permite que tengan un trato igualitario en cualquier parte de un territorio es la existencia de una Administración Central, lo que la gente llama el Estado. Administración y Estado son conceptos abstractos, a los que la gente suele referirse con desdén: "Son cosas de la Administración", o "el Estado opresor que anula nuestra identidad como pueblo".

Hemos hablado de municipios, de provincias, y ahora lo hacemos de países o naciones, de la patria de todos y cada uno de nosotros, de esa unidad a la que uno siente que pertenece por encima de localismos, provincianismos y regionalismos. La pertenencia a un Estado, no obstante, no es ideológica sino económica: Uno recibe servicios por parte de esa entidad porque vive en su territorio, o al menos ejerce parte de su actividad allí.

El individuo es, una vez más, el perceptor de servicios y, al igual que ocurría con el ayuntamiento o la diputación, quien sostiene con sus impuestos toda la maquinaria. El Estado nos presta servicios que no se pagan directamente, sino que recoge dinero por aquí y por allá, y luego son los políticos que lo gobiernan quienes plantean dónde y en qué gastarlo. Por supuesto, también eligen cómo y cuándo endeudarse.

Estamos hablando de una gigantesca comunidad de vecinos: Los habitantes de un reino concreto eligen una forma de gobierno y establecen mecanismos de recaudación de dinero para poder hacer frente a los gastos comunes que, como son tantos, se organizan en ministerios dirigidos por un individuo que suele reunirse los viernes por la mañana con los otros de su categoría, y con el presidente que es quien en última instancia da la cara sobre la gestión del asunto.

La misión de los políticos es decidir en qué se gasta el dinero que reciben de los contribuyentes, y para ello se han creado las maquinarias ministeriales. Especialmente llamativo es el Ministerio de Hacienda, que se ocupa de recoger lo que los ciudadanos de a pie aportamos y repartirlo entre todos demás.

El área más costosa para el contribuyente es la de las pensiones. Mientras estamos trabajando se destina una parte de nuestro sueldo a la Caja de la Seguridad Social. Básicamente se trata de un seguro en el que tú vas pagando cuotas todos los meses para que cuando llegues a una edad de jubilación que establecen los señores esos de los viernes puedas seguir cobrando sin trabajar. Este seguro cubre también las pérdidas de trabajo por enfermedad común o accidentes de varios tipos, y hasta el hecho de que si se muere tu pareja que había cotizado percibirás una pensión por ello. El sistema de pensiones es una ingeniosa forma de resolver las necesidades básicas de los ciudadanos en cierto momento de su vida, y su carácter contributivo hace que perciba más ingresos quien más alto cotizó a lo largo de su vida laboral.

Hay más seguros que nos atañen a todos los españoles. Uno de ellos es el de desempleo, en el que si has cotizado durante el número suficiente de meses mientras trabajabas puedes tener hasta dos años de una paga con cargo al seguro. Otros son los que forman las llamadas pensiones no contributivas, que cobras aunque no hayas cotizado anteriormente.

El caso es que el Estado tiene que ocuparse de un buen número de servicios comunes: Sanidad, Educación, Defensa, Seguridad Ciudadana, Recaudación de dinerito, Vivienda, Trabajo, Industria, Servicios Sociales y los variados seguros de los que hemos hablado. El resultado es que cada año los señores de los viernes presentan algo que llaman Presupuestos Generales del Estado, donde exponen cuánto dinero esperan obtener de nosotros y qué esperan hacer con él.

En el Ayuntamiento había un alcalde y varios concejales que hacían las funciones de gobierno. Aquí hay presidente, ministros, secretarios de Estado, diputados, senadores y no sé cuánta gente más cuya mayor tarea es tomar decisiones y que suponen un importante cargo a las arcas públicas, esas que se llenan con lo que aportamos todos y cada uno de nosotros. Pero a pesar de su aparatosidad, el Estado funciona básicamente igual que la comunidad de vecinos: Hay gastos fijos, gastos inesperados y unos ingresos que se piden a aquellos de quienes se benefician los servicios.

Los Estados entran en crisis. Un referente lejano fue el crack del 29 del siglo pasado en Estados Unidos, que dejó a la economía de aquel país sumida en tal inestabilidad que cíclicamente se dedica a destruir a otros para poder seguir adelante. En este siglo XXI parecen haberla tomado con la vieja Europa y con el euro, quizás porque esta moneda estaba adquiriendo relevancia en el mundo internacional y restándole protagonismo a sus todopoderosos dólares. El caso es que ahora España está pasándolas canutas, como Grecia, Portugal, Irlanda, próximamente Italia, más adelante Francia y finalmente la todopoderosa Alemania. El euro es un estorbo para Estados Unidos y hay que cargárselo.

Al igual que ocurría con las familias o las comunidades de vecinos, un Estado entra en crisis cuando tiene que emitir deuda, es decir, cuando los ingresos son menores que los gastos, situación en la que se ve forzado a pedir dinero para poder seguir haciendo frente a los pagos. Inicialmente suele recurrir a los bancos y ahorradores locales, pero si éstos no pueden prestarle tendrá que acudir a eso que llaman "los mercados", prestamistas a gran escala que gestionan cantidades tan grandes que pueden hacer tambalearse a un país entero, nuestro gran problema.

Los gobernantes deciden en qué se gastan el dinero de los impuestos. La primera partida intocable son las retribuciones de los políticos, crean un gran número de entidades, asesores y puestos elegidos a dedo para que los miembros de su partido puedan medrar a costa del erario público. Después viene la parte de pagar a los empleados: Aunque no son políticos, sin sus trabajadores no serían nada porque nadie haría el trabajo que se espera de la Administración Pública o tendrían que contratarlo con empresas exteriores. Después hay que decidir qué se hace con el resto de los ingresos: Si la ideología es izquierdista intentarán repartir todo lo que puedan entre los ciudadanos de a pie, y es derechista posiblemente hagan lo mismo pero repartiéndolo con los empresarios con la excusa de que son los únicos capaces de crear empleo.

Tanto si el dinero se reparte en ayudas de todo tipo para contribuyentes individuales como si se hace para empresas de todos los tamaños, quedan todavía gastos importantes. Unos son los derivados de los seguros que han suscrito obligatoriamente los contribuyentes, al menos pensiones y desempleo, y los otros los que se derivan del mantenimiento de infraestructuras y la prestación de servicios básicos. El resultado es que con toda esta carga no hay Estado que consiga ingresos suficientes para terminar el año con un equilibrio presupuestario: Gastando más o menos lo mismo que ingresó.

Como no suele haber equilibrio presupuestario, el Estado acumula una deuda. Mientras tiene que pagar a los bancos locales no ocurre casi nada porque el dinero sigue moviéndose por el país y, como dicen los políticos, generando riqueza. Pero cuando la banca está arruinada por sus absurdos préstamos tanto a Administraciones como a ciudadanos avaros de coches, casas y viajes más ostentosos, el dinero se va a esos inversores malvados que se dedican a arruinar países y a fastidiar la vida de sus habitantes. Llega un momento, como ahora, en el que la deuda es tan grande que sólo el dinero que hay que reservar para hacer frente a los intereses ya adquiere la consideración de gasto mayor y al personal se le llena la boca hablando de rescate.

Nunca debimos llegar a esto, pero nuestros políticos estaban demasiado ocupados intentando deslumbrarnos con obras faraónicas que no servían para nada, ayudas para todo tipo de problemas imaginables, lluvias de millones a empresarios afines para que viviesen todavía mejor de lo que lo hacían, y nosotros mismos nos habíamos vuelto consumistas atroces pensando que la felicidad se vendía en las tiendas. Ahora nuestros políticos siguen viviendo como reyes mientras los españolitos de a pie hacemos cábalas para llegar a fin de mes.

Por si esto fuera poco, a algún iluminado se le ocurrió inventar las

Comunidades Autónomas.

Las Comunidades Autónomas

Miedo me da decir esto visto el desarrollo histórico del pensamiento contrario a la constitución de microestados en España, pero no tendría sentido callármelo. Rezaré para que se respete mi libertad de expresión.

El problema no es que tengamos un Gobierno, un Congreso de los Diputados para elaborar las leyes y un Senado para quién sabe qué. Tampoco que tengamos un Consejo General del Poder Judicial, un Tribunal Supremo, un Tribunal Constitucional, un Defensor del Pueblo y no sé cuántas instituciones estatales más. ¡El problema es que están multiplicados por 17!

En España hay 17 Comunidades Autónomas. Unas cuantas de ellas son uniprovinciales, con lo que al menos se ahorran la Diputación, pero todas ellas tienen su gobierno con presidente y ministros (que suelen llamarse consejeros), su Parlamento que les permite elaborar leyes que, o bien repiten casi textualmente lo que ha elaborado el Congreso de los Diputados, o desarrollan algún punto para crear confusión y tener que recurrir a los tribunales locales o a presuntos sabios capaces de descifrar esa maraña de conocimientos absurdos y, las más de las veces, inútiles por repetitivos o por contradictorios.

Regiones ha habido en todas partes, pero lo de este pequeño país, que a nada que lo dejemos se convierte en Monarquía Federal (porque, por supuesto, lo que sobra es la Familia Real y no toda esa pléyade de políticos que nunca se supo para qué servían, pero en el fondo nos gusta seguir teniendo rey), es increíble. Nos vemos capacitados para mantener a medio millón de políticos y para crear fronteras interiores que, muchas veces basadas en distinciones lingüísticas, nos separan de nuestros vecinos.

Mantener las Comunidades Autónomas es rentable para la clase política, que ve cómo se crean más y más puestos de trabajo para defender los intereses de cada uno de esos microestados en contraposición al microestado de al lado. Es curioso cómo los esfuerzos, en vez de ir hacia un objetivo común, van encaminados a apañar lo que se pueda para mi tierra y el de al lado que se fastidie. Muy español, por supuesto.

Ahora cuento lo más políticamente incorrecto de todo, y pido perdón si hiero susceptibilidades: Todo este jaleo viene porque dos regiones de las de antes nunca se han considerado España. Bueno, no exactamente las dos regiones, sino los políticos de cada una de ellas y una parte de la población. Unos, los catalanes, se han movido bastante bien en las reglas del juego democrático, hasta que ha llegado el momento en que se plantean la autodeterminación y formar parte de Europa sin pasar por España. Los otros... mejor no contar la historia, ¿verdad? Está sembrada de muerte y destrucción y les va a llevar al mismo sitio que a los catalanes. Afortunadamente en ambos casos la opción es política, y esto siempre es un logro.

El caso es que unos y otros siempre gozaron de ciertos privilegios, incluso en época de Franco. Con la llegada de la democracia era difícil mantener esa situación cuando ideológicamente se hablaba de igualdad, por lo que en vez de devolverles al estado de los demás lo que se hizo fue equiparar a los demás al suyo. Y el resultado es que, si todo sale como ellos esperan, tras las consultas por la autodeterminación van a crear Estados independientes y nosotros nos vamos a quedar con quince Comunidades Autónomas de dudosa utilidad.

El pozo sin fondo

Pocos intentos de solución podemos hacer en este sentido. Por mucho que los colectivos más alejados de la posición de centro que muchos propugnamos insistan en que lo necesario es un cambio de mentalidad, las estructuras de poder son las que son, los políticos no van a renunciar a esos derechos que han adquirido con el paso de los años y con el diseño de una democracia que ha fracasado entre otras cosas por sus abusos, y los mercados van a seguir su evolución. Mirar más allá de nuestras narices en el mundo de la política supone intentar resolver el problema desde otro lado: Cambiando nuestra concepción económica.

La gestión de nuestras vidas

Hemos gestionado nuestras vidas a lo borrego, como nuestros gobernantes han gestionado nuestros ayuntamientos, diputaciones, Comunidades Autónomas y el Estado: Olvidándonos de que existían vacas flacas, reprimiendo los recuerdos de una España en la que había cuatro ricos y treinta millones de pobres, imitando a los héroes de las teleseries americanas que veíamos en las películas de nuestra infancia. Lo llamamos crisis y no nos equivocamos, pero lo que está en vías de desaparición es la American way of life en España.

La crisis económica no es el fruto de una, dos o tres legislaturas, sino el fracaso de todos los que gobernaron España desde la desaparición de la dictadura, del franquismo mismo y posiblemente de todo lo sucedido tras la Segunda República o incluso antes. El fracaso de todos los que gobernaron España y también de todos aquellos que gobernaron sus vidas a lo borrego y de los ignorantes que les seguimos porque pensábamos que quizás estaban en el camino correcto. Nuestro fracaso como sociedad tiene que ver con cómo se enfocó la vida tras la Guerra Civil Española, una vez más desde la época de mis abuelos.

Mis abuelos

Mis abuelos tenían cerca de cuarenta años cuando estalló la Guerra, no tuvieron que combatir pero presenciaron algunos de sus horrores. Cuando Franco asumió el poder, allá por el año 39, en el pueblo habría cerca de mil personas que se ocupaban de atender las tierras que les daban de comer. Mis padres iban a la escuela cuando podían, si no estaban cuidando del ganado o recogiendo lo que se había sembrado. Ellos se autoabastecían, y cuando necesitaban dinero vendían algo a mi abuelo al que llamaban el Tío Huevero porque marchaba a la ciudad a comerciar con la mercancía. El turrón era un manjar que mi abuelo tenía en tienda en ocasiones especiales y las lentejas les resultaban tan exóticas como podían parecerles los kiwis o los pingüinos.

Hacían matanza una vez al año y la familia se alimentaba de la carne de esos cerdos cuidadosamente conservada en las despensas de las casas. Los muebles duraban de generación en generación y a menudo había conflictos cuando se heredaban, lo mismo que los platos, los vasos y casi hasta los orinales. Para desplazarse utilizaban el burro, o el caballo si eran ricos, y como tractor empleaban a dos vacas que ataban con un yugo a un carro con ruedas madera y aros de acero. Las vacas, los cerdos y las gallinas vivían a la puerta de casa y gozaban de más lujos a la hora de hacer sus necesidades fisiológicas que ellos mismos, ya que el wc llegó muchos años más tarde.

Mis abuelas trabajaban, vaya que sí. Se ocupaban de los hijos, del cuidado de la casa y del ganado, llegándose a una curiosa división de funciones en la que las cosas de la casa eran de la mujer, la agricultura del hombre, y los demás terrenos se delimitaban como compartidos con tendencia a que la ocupación pública fuera de ellos y la privada de ellas. Los hombres daban la cara hacia el exterior, tanto con el señor cura, el médico, el alcalde, la Guardia Civil y quien hiciese falta, e imponían respeto en el hogar donde eran quienes tenían la última palabra en términos de castigos y privilegios.

Las reglas estaban claras, y si se les olvidaba alguna ya estaban los del benemérito cuerpo para recordárselo. Se autoabastecían, apenas tenían dinero, trabajaban desde antes de que saliera el sol hasta mucho después de que desaparecía en el horizonte y no tenían ni televisión, ni teléfono, ni siquiera receptor de radio. Vivían hasta viejos y eran todo lo felices que podían.

Algunos vendieron sus tierras y se fueron a la ciudad. Otros se quedaron en el pueblo y sólo salieron de él cuando, viejecitos y enfermos, tuvieron que visitar a los hospitales de una Seguridad Social que vieron crear y crecer, o cuando se quedaron solos y los hijos los llevaron a sus casas para ocuparse de ellos en lugar de meterlos en lujosas residencias donde morían en soledad sin decir ni pío, como ocurrió una generación más tarde.

En época de mis abuelos comenzó la historia reciente de España, el ocaso de la familia, el cambio de la adoración a un Dios que imponía el

Régimen a un becerro de oro que nos imponen las multinacionales. Mis abuelos tuvieron hijos, y ellos fueron los encargados de cambiar el mundo.

Mis padres

La generación de mis padres marchó a la ciudad buscando trabajo. Hartos de pasar calor en verano, frío en invierno, del olor a boñiga de las calles del pueblo y con la amenaza invisible de la endogamia planeando sobre ellos, decidieron hacer la mochila para marcharse buscando un mundo mejor. Ellos fueron los que emigraron a Francia, a Alemania, o más tarde a ciudades que estaban creciendo de modo importante en la posguerra española. Ellos, los que eran adolescentes y niños durante la Guerra Civil, la generación que poco a poco y por ley de vida nos va abandonando dejándonos como los más ancianos del lugar en pocos años, fueron los que empezaron a manejar dinero.

Los burgueses nunca dejaron de existir. Después del destrozo que supusieron tanto la Segunda República como la Guerra Civil, España se iba reconstruyendo poco a poco. En las ciudades aparecieron o reaparecieron industrias que trabajaban para reconstruir el país y que necesitaban grandes cantidades de mano de obra. Los señoritos de capital se mezclaron entonces con los paletos que venían del pueblo. Los primeros habían manejado dinero siempre aunque durante mucho tiempo no fue más que papel mojado, los otros lo habían visto en cantidades pequeñas y esperaban que fuese su camino hacia una vida mejor. Unos y otros tenían muy trabajado aquello de "ganarás el pan con el sudor de tu frente" que tan a menudo les repetían en las celebraciones religiosas.

Nuestros padres se casaron, tuvieron hijos, compraron unos pisos empaquetados en edificios de no sé cuántas alturas, muy diferentes a aquel mundo horizontal en que vivieron hasta que marcharon a buscarse el sustento. Se sacaron el carnet de conducir, compraron pequeños coches en los que podían desplazarse a distancias que ahora nos resultarían inconcebibles para aquellos cacharros, viajaron poco y por necesidad, y vieron el turismo como aquello que hacían las alemanas y las suecas de las películas de Alfredo Landa. Benidorm era una utopía, un símbolo del lujo, y la mujer en bikini era algo tan poco habitual que a los hombres se les salían los ojos de las órbitas.

Aunque no labraban las tierras continuaba la división del trabajo. Ellos a las fábricas y las oficinas, ellas se quedaban en casa cuidando de los niños y de los abuelos. La paga se daba en mano al trabajador que la traía a casa en un sobre y juntos solían decidir a qué se destinaba el presupuesto. La hipoteca no era la forma fundamental de financiación de la vivienda sino que se pedían dinero entre hermanos y familiares, cantidades que se devolvían religiosamente, o vivían de alquiler hasta que tenían ahorrado lo suficiente y luego pedían el dinero al banco.

No existían los centros comerciales, ni las compras eran la alternativa de ocio habitual. Cogían su cochecito y se marchaban al campo o se quedaban en la ciudad y salían a dar un paseo o a jugar con los niños al parque sin que se les cayeran los anillos. Las calles no estaban llenas de tiendas y la oferta de productos, prácticamente todos fabricados en España, era muy limitada de modo que casi todos los niños íbamos vestidos igual porque todo era de marca, de una o dos marcas. Contaban que los ricos traían cosas de Francia y Alemania pero no les era fácil porque había policías en las aduanas con poder de requisarte lo que les diera la gana.

Más tarde empezaron a pagar a plazos, a hipotecarse, aparecieron las tarjetas de crédito, los viajes de placer y la pequeña riqueza del obrero, pero eso ya fue cuando sus hijos empezábamos a ser adolescentes.

La posmodernidad

La década de oro. Todo comenzó con la muerte de Franco y la llegada de la democracia. Mientras el terrorismo de ETA se cebaba en las carnes del proletariado matando a militares, guardias civiles y policías, mientras se gestaba nuestra Constitución, España vivió una época convulsa en lo social en la que el dinero no abundaba. La gente seguía trabajando, las tasas de paro superaban el veinte por ciento, los colegios privados veían peligrar las subvenciones que los convertían en aproximadamente gratuitos y se iba consolidando poco a poco lo que todos conocemos hoy por el sistema de la Seguridad Social.

Pongamos que la transición duró cinco años. Con Adolfo Suárez en el poder llegó la década de los ochenta, para mí el momento de mayor esplendor cultural de toda nuestra Historia reciente, y cuya decadencia nos ha llevado al punto en el que estamos. Hombres y mujeres éramos iguales hasta en la forma de vestir, unos y otras nos admirábamos y respetábamos, nuestros padres habían conseguido para nosotros condiciones de vida dignas aunque sin consumismos, leíamos libros, escuchábamos discos, íbamos al cine, y veíamos a algunos de nuestros coetáneos caer por la heroína y el sida, los grandes males de nuestro tiempo.

El dinero se había convertido en una parte de nuestras vidas, pero estábamos todavía muy lejos del consumismo atroz que nos ha fagocitado posteriormente. Lo que comprábamos tenía valor y esperábamos que nos durase para toda la vida, fuesen televisiones, muebles, coches o patinetes. Necesitábamos dinero para vivir, éramos conscientes de que había que ganarlo con el sudor de la frente como hicieron nuestros padres, pero ya no le dábamos tanto valor como ellos, posiblemente porque tuvimos una infancia más fácil.

Barcelona 92

En el 92 habíamos pasado dos crisis: La del petróleo, allá por mediados de los años 70, y aquella que hizo a Adolfo Suárez decir lo de "puedo prometer y prometo". Las dos tuvieron una repercusión relativamente pequeña en nuestras vidas, la primera porque fue internacional, éramos niños y nuestros padres estaban acostumbrados a la inflación galopante, a las elevadas tasas de paro y a un formato de vida en el que las necesidades iban poco más allá de lo estrictamente básico. La segunda, aunque española, se superó porque las costumbres de las gentes de este país todavía no habían cambiado, éramos conscientes de que nuestra moneda era débil, de que en Europa las cosas se hacían de otra manera, de que estábamos a años luz de ellos. Seguíamos teniendo pocas necesidades y cubriéndolas como podíamos. En el 92 todo fue diferente.

Después de unos cuantos años de gobierno socialista de repente España se había abierto al mundo: Se había atrevido a organizar la Exposición Universal, la famosa Expo de Sevilla, y simultáneamente los Juegos Olímpicos en Barcelona. Los dos acontecimientos supusieron un importante lavado de cara para las ciudades que los organizaban, especialmente en el caso de Barcelona, cosmopolita por excelencia. Cuando finalizó la gestión del gobierno socialista y José María Aznar entró en el poder tuvo que pedir un crédito para pagar las pensiones. Hubo suerte porque los bancos eran todavía sólidos y solventes y no creo que tuviera que recurrir a eso que ahora llaman "los mercados" y que tan mala vida nos está dando.

El gobierno socialista, el primero de un partido de izquierdas desde 1936, supuso una profunda renovación tanto de la mentalidad como de las costumbres y de la imagen exterior de España, pero cuando Felipe finalizó su ciclo en el poder tras perder por la mínima en 1996 la tasa de paro era del 20,04%, el déficit era del 5,5% del PIB y la deuda pública era de trescientos sesenta mil millones de euros. Muy lejos del billón y algo que debe haber ahora, pero nada despreciable. Dos años antes, en 1994, España había estado en una franca recesión económica que alcanzó el 1,1% del PIB en 1993.

Podemos decir que con Aznar comenzó todo en cuanto a la asunción de los borregos al poder, aunque durante la época de Felipe González, con la modernización del país y la fuerte inversión que se hizo en imagen se había iniciado la borreguización de España. El gobierno de Aznar recibió una gran inyección económica por parte de los Fondos Estructurales de la Unión Europea, dinero que se destinaba a paliar las carencias de los países más pobres. Su política, marcadamente neoliberal (depretalista), privatizó empresas que reportaban importantes ingresos al Estado como Telefónica, Argentaria (hoy BBVA), Tabacalera, Repsol o Gas Natural. El depretalismo (o neoliberalismo) se estaba implantando con fuerza en nuestra sociedad y nadie parecía darse cuenta.

Un hecho que tiende a olvidarse es que el paro llegó a bajar hasta poco menos del diez por ciento de la población activa. El resultado fue que, aunque los salarios eran bajos, las unidades familiares disponían de más ingresos para hacer frente a los gastos. La entrada en el euro, que hizo aflorar grandes cantidades de dinero negro y que llevó a que la vida subiera un 66,386% por mucho que se negase, favoreció aún más el aborregamiento al hacernos creer que éramos igual de europeos que alemanes o franceses.

Aznar nos trajo el depretalismo y el aborregamiento, que continuarían plenamente vigentes con ZP y a los que no tendría más remedio que hacer frente, sin saber si iba o venía, su sucesor Mariano Rajoy.

ZP y los ocho años de oscuridad

Tras una serie de decisiones desacertadas y con la triste cooperación de internet y unos sangrientos atentados en vísperas de unas elecciones en las que parecía claro que Mariano Rajoy iba a pasar como una apisonadora sobre un desconocido llamado José Luis Rodríguez Zapatero, el PSOE volvió sorpresivamente al poder truncando lo que prometía ser el tercer cuatrienio depretalista en la senda iniciada por José María Aznar. Repentinamente nos encontramos en el poder con un tipo desconocido, un individuo que confió la economía al mismo ministro que nos llevó a la anterior debacle en tiempos de Felipe González: Pedro Solbes.

Zapatero heredó una sociedad con las cuentas relativamente saneadas gracias a la política de privatizaciones, al incremento de la presión fiscal, al crecimiento desorbitado de la industria de la construcción motivado en parte por la aparición de ese dinero negro con el que no se sabía muy bien qué hacer y a la gran aportación económica de la Unión Europea. No le tembló la mano: Retiró las tropas de Irak como había prometido, aprobó una ley de violencia de género que habían propuesto los colectivos feministas y el gobierno anterior había rechazado e instauró la ley de la dependencia. Su orientación hacia el gasto social estaba clara y le salió bien durante la primera legislatura ya que los ingresos seguían creciendo y creciendo. Nadie parecía darse cuenta de que el dinero se estaba marchando de España a pasos agigantados, que en Europa había ahora otros países más pobres que se llevaban las subvenciones que hasta entonces había recibido el gobierno español y que la clase política se iba situando en los consejos de administración de empresas privadas, especialmente Cajas de Ahorros, realizando inversiones absurdas, pintorescas e inútiles que llevarían a estas entidades, junto con la afición del común de la población por comprar viviendas que más tarde no podría pagar, a la quiebra. El depretalismo, a pesar de no estar instaurado en el poder como lo había estado anteriormente, seguía haciendo de las suyas.

Los ocho años de oscuridad fueron el triunfo del borreguismo. Un gobierno republicano y laico, movido por principios hedonistas, que se apoyaba en grupos activistas radicales como las feministas de género que siempre tuvieron un gran poder en los distintos gabinetes, con la economía dirigida por un individuo que ya llevó al país casi a la ruina unos años antes y con un presidente más ocupado por cuestiones de memoria histórica y por agradar a sus acólitos que por dirigir un país, un gobierno de estos no podía ser otra cosa que un fracaso. Y así fue.

La gente se contagió de la mentalidad de sus dirigentes. Aprovechándose de que las hipotecas habían pasado de un tipo de interés de un 13,5% en tiempos de Felipe a un 4,5% e incluso menos en esta época, la gente compraba chalets, áticos duplex y viviendas de nueva construcción como rosquillas, fiándose de que en las familias había dos, tres y hasta cuatro fuentes de ingresos. Algunos veían cómo sus negocios crecían y se multiplicaban, y otros cómo cobraban cinco veces distintas por hacer lo mismo. En las empresas se había sustituido la tradicional estructura jerárquica por otra piramidal en la que cada uno de los dirigentes recibía una parte de lo que percibían los de abajo, llegándose a cantidades escalofriantes. Salías por la calle y veías Mercedes, BMWs y Audis a manta, las cosas se iban a la basura por tener uno o dos arañazos y el modelo consumista, basado en la peregrina idea de que éramos un país rico, en el boom de la construcción y en los principios hedonistas que tanto interesan al depretalismo se instauró con fuerza en nuestra sociedad.

Repentinamente todo se resquebrajó. Las empresas constructoras empezaron a quebrar, los bancos vieron cómo aumentaban los índices de morosidad, antes de que nos diésemos cuenta la gente volvió a engrosar las listas del paro, los pisos y los coches no se podían pagar, y la deuda pública parecía multiplicarse. El depretalismo había fracasado.

Marianico

Y en estas llegó él. Después de dos intentos fallidos de auparse al sillón presidencial, el PP obtuvo mayoría absoluta en las elecciones y Mariano Rajoy, quizás la antítesis del presidente carismático y glamouroso, se aupó a la presidencia del Gobierno. Éramos conscientes de que le elegíamos para que intentase resolver el entuerto en que se habían convertido unas cuentas públicas que hacían aguas por todos los lados.

Marianico se rodeó de una buena corte (y digo corte y no cohorte con conocimiento) de individuos del partido, entre los que rápidamente destacaron por su relevancia un tipo con pinta de draculín y voz nasalmente aflautada apellidado Montoro, y otro con aspecto de anciano precoz, que venía de todo un prodigio de gestión económica como era la recién quebrada Lehman Brothers, un tal Luis de Guindos. Ellos fueron las caras visibles, junto con Mariano, de los recortes que pronto se produjeron.

Marianico no dejó títere con cabeza nada más entrar. Con el pretexto (de cuya veracidad no se duda) de que las cuentas del reino estaban infinitamente peor de lo que se esperaba, metió la tijera por todas partes e incumplió sistemáticamente todas sus promesas electorales en relación al tema, incluida la de no tocar las pensiones, sin duda la más impopular de todas. Subió el IVA, el IRPF, hizo que los funcionarios se alegrasen de la congelación salarial porque les quitó extraordinaria navideña, moscosos, días de antigüedad, y les incrementó el número de horas de trabajo, atacando a un colectivo que había perdido más de un cuarenta por ciento de poder adquisitivo en los años de bonanza anteriores, en los que quien más quien menos la mayoría de los trabajadores experimentaron interesantes subidas salariales. Claro que para eso tenía el control del INE, y al igual que hiciera ZP en la legislatura anterior con la doctrina feminista, consiguió que se publicaran unas estadísticas que "demostraban" que entre los empleados públicos se paga más a los hombres que a las mujeres, y que el sueldo promedio de un empleado público es un treinta por ciento mayor que el de un trabajador privado. Vamos, que los funcionarios hace quince años debían cobrar casi el doble que cualquier otro trabajador.

Marianico sale poco en los medios, tal vez consciente de que su imagen no es precisamente la del político carismático y triunfador, tal vez porque tiene poco que decir: Como buen gallego nunca se sabe si va o viene, y de momento parece que nos va librando del rescate, ese término que suena a salvación por parte de nuestros amables vecinos europeos, pero en realidad encubre la venta de buena parte de lo que es nuestro al capital, a esas multinacionales que en buena parte ya lo controlan todo bajo el críptico nombre de "los mercados".

La época de Marianico no pasará a la historia por lo favorable que ha sido para los borregos. España ha dado un gigantesco paso atrás en el consumismo que nos poseía con anterioridad. Las tiendas han cerrado en masa, los centros comerciales registran bajas afluencias de público todos los días de la semana y especialmente aquellos en los que la gente no sabía qué hacer y se metía allí para fundirse sus cien o doscientos euritos semanales, y de repente ya no se ven tantos coches alemanes por la calle. Desde que Mariano nos preside ya no gastamos alegremente, primero porque no lo tenemos, y segundo porque quizás estemos empezando a espabilar y a darnos cuenta de que el becerro de oro no es más que un adorno hortera.

La gestión de las empresas

¿Volvemos a tiempos de mis abuelos? En su mundo rural no había empresas pero en la sociedad urbana existieron de todas las formas, tamaños y colores. Lo más novedoso desde entonces ha sido el crecimiento desproporcionado de las marcas y las multinacionales, organizaciones que están acabando con los Estados y se han convertido en los profetas supremos del becerro de oro.

Uno funda una empresa cuando necesita dinero y tiene algo que vender. En ese momento se convierte en empresario: Decide que la gente puede pagar por algo que él fabrica o distribuye. Hasta ahí la cosa es muy sencilla, constituyendo lo que se llama "Pequeña empresa", tan pequeña que sólo la forma una persona.

Es muy difícil que uno sea como Juan Palomo, que él se lo guisa y él se lo come. Lo normal es que tenga que contratar trabajadores, seres humanos que ejecutan diferentes tareas en la vida útil del producto que se vende y pueden tener que ver con la recogida del material, su elaboración, su distribución, la recaudación del dinero invertido, y el hecho de darlo a conocer.

Cuando uno empieza en una empresa no tiene capital, o no suele tener la cantidad que hace falta para ponerla en marcha y acabar poniendo su producto en el mercado, así que tiene que recurrir a financiación externa: Con el aval de sus propiedades, la ayuda en no pocas ocasiones de los familiares y la idea que pretende llevar a la práctica, se acerca a un banco donde estudian su caso concienzudamente y le prestan (o no) lo que necesita, a un alto precio que será, junto con los gastos de personal, el responsable de que su producto sea más caro de lo que esperaba.

¿Cómo gestiona un empresario su negocio? La regla es sencilla: Calcula cuánto cuesta producir el bien en cuestión, incrementa su precio en la cantidad que quiere ganar, añade una parte para imprevistos y otra para impuestos, y lo divide entre las unidades que espera generar. Luego cada uno hace de su capa un sayo y la aplicación de este sencillo algoritmo se vuelve irreconocible, pero en principio ahí está.

Saber cuánto cuesta producir el bien ya es algo complicado: Hay que calcular la cantidad a devolver al banco por el préstamo que se recibió, pagar a los trabajadores y la Seguridad Social, los impuestos, los materiales, la financiación de las máquinas y un largo etcétera. Decidir cuántas unidades se van a producir es relativamente fácil, pero resulta impredecible conocer cuántas se van a vender porque la decisión de los consumidores muchas veces depende del precio de la competencia que a su vez depende de factores similares pero no idénticos. El caso es que el empresario asume un alto riesgo cuando decide crear su empresa, y que buena parte de ellas están condenadas al fracaso.

Antiguamente era complicado importar la mercancía de otros países: Tenía que viajar en barcos, tardaba mucho en llegar, la mano de obra cualificada solía estar en la nación donde se ubicaba la empresa y las fábricas daban trabajo a buena parte de la población. Ahora casi todo lo que tenemos viene del extranjero, hay redes de autovías y autopistas, camiones, barcos y hasta transporte aéreo. El mercado se ha globalizado y los productos que compramos suelen venir del lejano oriente, aunque no los traigan precisamente los Reyes Magos.

El ladrillo

El penúltimo gran petardazo de nuestra economía vino por lo que se ha dado en llamar la crisis del ladrillo. Con la entrada del euro en el mercado tuvo que aflorar una buena cantidad de dinero negro, de ese que no paga impuestos al Estado, que estaba escondido quién sabe dónde. Como había que invertirlo a la gente no se le ocurrió otra cosa que dedicarse a comprar pisos,chalets y coches alemanes, y de paso apuntarse al eslogan ese de "hay que viajar más", convirtiéndonos en el turista al que nos encanta desplumar económicamente en este país.

Lo de los coches alemanes y demás signos del poderío borreguil lo vamos a apartar para centrarnos en el afán por las casas que le entró de repente a la población y que se extendió desde los afortunados poseedores de pesetas ennegrecidas hasta todo bicho viviente. La alta demanda hizo que el precio de la vivienda creciese sin cesar, de modo que en siete u ocho años los pisos duplicaban su valor y el consumidor aceptaba ese incremento desorbitado del precio asumiéndolo como lo más normal del mundo, sin darse cuenta de que a ellos no se les subía el sueldo en la misma medida. Bueno, a algunos sí: Buena parte de los empleados de la construcción, los que trabajaban a destajo, se vieron de repente con unos ingresos inimaginables hasta entonces, ya que el constructor pagaba más para terminar antes para poder empezar una nueva obra para ganar más dinero para pagar más para poder empezar antes para...

El constructor había pedido dinero al banco para comprar el solar y más dinero al banco para materiales y sueldo de los trabajadores. El comprador había pedido dinero al banco para comprar el piso que ya le cedía el constructor gustosamente con la hipoteca que previamente había constituido. El Ayuntamiento se frotaba las manos porque cuantos más pisos se construyeran más iba a recaudar para gastarse en fiestas y comilonas opíparas de representación y todo el mundo parecía estar contento. Cuando pasaron unos años ya no había nada que blanquear y la espiral se había iniciado sin que pudiera detenerse porque tanto consumidores como constructores como bancos creían que el consumo era la única salida posible a todo esto. No se habían dado cuenta de que ya no había con qué pagar.

El resultado fue el gran fracaso de la economía española de los últimos cien, doscientos o tal vez quinientos años. Un Estado en superávit pasó a acumular una deuda pública que triplicaba su presupuesto y a prestar a los bancos, hundidos por la avaricia prestamista y la voracidad de los políticos que ocupaban sus poltronas tanto dinero como ingresaba en un año, o más.

Las constructoras empezaron a cerrar y dejaron de pagar sus deudas con la banca, los compradores empezaron a irse al paro y no pudieron seguir pagando las hipotecas, todos nos habíamos acostumbrado al ocio de centro comercial y a quemar gasoil recorriendo las carreteras para tomarnos un café a cien kilómetros de casa como si no lo hicieran igual o mejor en el bar de la esquina. El fracaso fue el fracaso de los borregos, de la adoración del becerro de oro, y de la ignorancia de una clase dirigente que estaba tan aborregada o más que la plebe.

Los chinitos

No todo en este país era construcción. Día a día se compran multitud de objetos que también se fabricaban en España al igual que los ladrillos, los sanitarios o los azulejos del baño. Escobas, ropa, enchufes, televisiones, bombillas, motocicletas, teléfonos, bicicletas y hasta tornillos empezaron a venir de Taiwan, China o Vietnam. La gente que trabajaba en las fábricas españolas se fue al paro y dejó de pagar la hipoteca mientras los intermediarios, esos individuos que lo único que hacen es mover algo de un lado a otro, se hacían de oro vendiendo productos chinos para comprarse coches alemanes.

Ahora hasta los intermediarios tienen problemas. Los consumidores vamos decantándonos otra vez por productos españoles y cuando queremos algo chino lo compramos directamente a las webs del lugar, que no suelen cobrarnos gastos de envío. El daño estaba hecho, el consumo fácil nos llevó a importar productos de zonas donde la mano de obra es mucho más barata que aquí creyendo ser más listos mientras estábamos escupiendo para arriba porque éramos nosotros los que nos quedábamos en paro.

La muestra suprema de borreguismo oriental es la de los compradores de marcas: Adidas, Nike, Apple, HP-Compaq, Sony, Philips, Nokia y prácticamente todos los fabricantes de productos de consumo de un status medio-alto producen en Asia y nos venden lo que generan a precios europeos, dándole un toque de exclusividad y lujo. Seguimos comprándoles y buscando excusas absurdas cuando uno de sus productos orientales falla con una escopeta de feria.

La crisis de la cultura

"La literatura como medio de vida tiene los días contados. Ha cambiado de forma irreversible. Ahora se habla de crisis en la venta de libros al rebufo de la crisis económica, pero la venta de libros ha disminuido y sospecho que no va a volver. La gente ha decidido que ya no se va a gastar el dinero en libros. Yo seguiré escribiendo pero le escribiré sonetos a mi mujer u Odas a la Virgen de mi pueblo, pero lo que no voy a hacer es escribir libros para que la gente los piratee."

(Juan Manuel de Prada, 8 de enero de 2013)

No hace tanto tiempo comprábamos libros, discos, películas, y hasta íbamos al cine casi todos los fines de semana. Siempre hubo pirateo, nos grabábamos las canciones que nos gustaban desde la radio en cintas de casete y también pasábamos al VHS las películas que nos echaban en la televisión. Todo cambió con la llegada de internet y los soportes digitales de información.

La primera gran revolución en el mundo de la cultura fue el CD. Antes, cuando queríamos escuchar música en equipos de lo que se llamó Hi-Fi, adquiríamos un disco de vinilo, pieza de plástico grandota de color negro que venía en una carpeta de cartón y que muchas veces incluía fotografías y letras de las canciones. Se deterioraba rápidamente pero su sonido, ahora que nos hemos acostumbrado a la lata del CD, era incomparable. Los vinilos se pirateaban pasándolos a cintas de casete, poco prácticas a la hora de elegir la canción para escuchar, delicadas a más no poder, y de una calidad de sonido mucho menor, pero nos servían para el apaño.

El CD revolucionó el mundo de la música. Un soporte digital que se leía con un rayo láser, que permitía retocar la música de tal modo que sonase increíblemente bien, mejor incluso que en la realidad, con bajos bajísimos y agudos agudísimos. Los cedés también se podían pasar a cinta pero no piratearlos de la forma que entendemos ahora. Eran el doble de caros que los vinilos y nos vendieron la moto de que no se estropeaban nunca, lo que ahora sabemos que no es verdad. Cierto que la aguja no los dañaba porque se leen con un haz de luz, pero ponerlos al sol o a pasarle la aguja del tocadiscos por encima acababa fácilmente con ellos.

Con el CD comenzó la revolución digital, y de modo casi simultáneo la popularización de los ordenadores personales compatibles con el PC de IBM. El abaratamiento de las memorias, la aparición y el incremento de la capacidad de los discos duros y la mejora en la velocidad de los procesadores no fueron nada comparado con la aparición de la unidad óptica, el lector de CD, en el ordenador. El equipo Hi-Fi había comenzado a desaparecer y la computadora empezaba su camino hacia su conversión en electrodoméstico rey. Lo malo no fue la aparición del lector, sino el abaratamiento de las unidades grabadoras, que llevó a que en el año 2000 prácticamente todos los ordenadores tuvieran una.

Aunque se nos vendió la grabadora de CD como un aparato diseñado para los datos, pronto surgieron los programas que permitieron convertir a formatos digitales el contenido de los discos compactos, de modo que pudieran escucharse en el ordenador o grabarse en otro disco, apareciendo el pirateo privado a gran escala. La cosa se complicó aún más cuando se masificó el uso de internet y los programas de intercambio de archivos, las grabadoras de DVD, los lectores portátiles de MP3 y MP4, y ahora los smartphones, los ebooks y las tablets. De repente toda la cultura estaba en el mercado sin que hubiera que pagar por ella.

El pirateo llevó al cierre a las tiendas de discos, ha vaciado los cines, y está en camino de cargarse también la industria editorial. La progresiva desaparición de las empresas que comercializaban los productos culturales ha llevado a los creadores a tener que ofrecerlos en venta directa, lo que ha menguado de modo importante sus ganancias al tener que costear ellos todo el proceso de dar a conocer el producto al gran público, y llevado a que creaciones importantes hayan acabado perdidas en un cajón o diseminadas vía internet como objetos de consumo fácil. Al borrego le dan la cultura gratis mientras se gasta los dineros en sus borregadas.

Mucha gente se ha ido al paro por el pirateo pero en este país seguimos copiando discos y películas, renunciando a ir a la librería a comprar un libro porque tenemos que amortizar el costoso ebook chino que nos regalaron por la última fiesta del consumo. Lo barato nos está saliendo caro y no nos damos cuenta, como ocurre con tantas otras cosas. Mientras tanto, gracias a internet, los mercaderes de la globalización se ríen de nosotros en nuestras narices y no hacemos nada por evitarlo.

¿Qué podríamos hacer? Volvamos a comprar discos, pero de vinilo. Volvamos a los cines, compremos películas en DVD y no paguemos más a las compañías de telecomunicaciones por un ADSL a no sé cuántos megas que sólo sirve para descargar contenidos culturales más rápidamente. El dinero que nos gastábamos en cultura se ha ido a China y Estados Unidos, a los bolsillos de esas multinacionales que se están haciendo con todo lo nuestro y ante las que nos bajamos los pantalones con cara de satisfacción. Fortalezcamos nuestro consumo interior y dejémonos de chorradas marqueras y borregas.

¿CRISIS? ¿QUÉ CRISIS?

Juan Carlos Vicente Casado

Ejpaña, enero 2013. Las cifras de paro por las nubes. La prima de riesgo ha bajado últimamente y parece estar dando un respiro a las precarias cuentas de un Estado que, como sabemos, es la comunidad de vecinos formada por todos los que habitamos dentro de nuestras fronteras. Los centros comerciales se llenan pero venden significativamente menos, las agencias de viajes tienen dificultades para cumplir con objetivos que hace muchos años parecían ridículos, los bancos están en un profundo proceso de remodelación amenazando con despedir a buena parte de sus trabajadores, las empresas presentan expedientes de regulación de empleo día sí y día también, y cuando oímos hablar a alguien de que cobra un sueldo de más de mil quinientos euros se nos cae la baba de envidia. Muchas familias tienen a todos sus miembros en el paro, muchas han abandonado la casa que tanto les costó conseguir y unos cuantos siguen teniendo su dinerito a buen recaudo invertido en esos fondos de inversión que nos atacan y empobrecen, o en paraísos fiscales.

Ejpaña no está en crisis. Ejpaña está volviendo a aquello que fue en tiempos de mis padres, al sueño que mis abuelos veían tan lejano. Lo que antaño llamaban caciques y nobles ahora son los políticos, representantes libremente elegidos por el pueblo que gobiernan para ellos mientras planean cuidadosas estrategias de marketing que les permitan renovar el cargo cada cuatro años. Más que el país lo que realmente ha hecho crisis es la aplicación del modelo democrático recogido en la Constitución de 1978, un documento que varias generaciones de políticos han ido interpretando a su gusto y forma para enriquecerse con el dinero de todos. Los sucesivos presidentes y administradores de la comunidad de vecinos nos han dejado las arcas vacías.

La clase política tiene mucho de lo que ocultar y mucho de lo que avergonzarse. Puede presumir de haberse cargado la separación de los tres poderes, básica en cualquier Estado democrático, de haber liquidado empresas que eran auténticas joyas de la corona a precio de saldo para privatizarlas y poner a sus viejas glorias en sus órganos de dirección, de haberse enriquecido ilícitamente en cuanto han tenido la oportunidad y de hacerlo tan hábilmente que nunca podremos demostrarlo, de gobernar para el pueblo pero sin el pueblo. Ser político en España durante los últimos años ha sido un chollo, la carrera de carreras, la vía fácil al confort y el bienestar más absolutos.

El depretalismo ha sido la doctrina político-económica seguida por estos avispados amigos de lo nuestro. Unos y otros han creado una sociedad globalizada en la que los Estados han perdido peso y cedido su lugar a las empresas multinacionales y los fondos de inversión. Las marcas, sus símbolos por excelencia, se han convertido en objeto de culto por la pléyade de borregos adoradores del becerro de oro que han asociado un logo publicitario con la fuente de la eterna felicidad. Los fondos de inversión prometían la multiplicación de los dineros con el mínimo esfuerzo, sólo con depositar confianza y ahorros en ellos. Las multinacionales se han apropiado de nuestras empresas públicas, de nuestros bancos, nuestra electricidad, el gas, el petróleo, nuestros hoteles de sol y playa y ahora buscan hacerse con lo poco que nos queda: La Sanidad y la Educación como punta de lanza, pero sobre todo las reservas de dinero de la Seguridad Social, lo que hemos ido cotizando poco a poco a lo largo de nuestras vidas para tener una pensión cuando ya no estemos en edad de trabajar. La hucha de las pensiones de cada Estado es la golosina que los mercados ansían para sí, y son conscientes de que para acceder a ella antes tienen que desposeer a los ciudadanos de todo lo demás.

Ganar dinero, más y más dinero, ser inmensamente ricos aunque eso suponga arruinar las vidas de miles de personas. ¿Qué más les da a esos seguidores de Milton Friedman que parecen jugar al Monopoly con nuestra vida, nuestra salud, la educación de nuestros hijos o el seguro que hemos ido pagando año tras año para nuestra jubilación? No creo que tengan alma ni que sepan qué hacer con todo ese oro que ganan, son ludópatas y este es su juego.

Quiero creer que nada de esto habría sido posible si los ciudadanos de a pie no nos hubiésemos convertido en borregos adoradores del becerro de oro, en idólatras de las marcas y en aspirantes a vivir como los protagonistas de las películas americanas de mi infancia en las que todo el mundo habitaba en grandes casas, conducía enormes coches y podía permitirse comprar lo que les diera la gana. Hicimos una ensalada de pecados capitales y los engullimos uno tras otro llegando a generar una de las sociedades más inmaduras de toda la historia de la Humanidad donde el dolor estaba prohibido, el dinero parecía caer de los árboles y uno sufría por cuestiones tan peregrinas que habrían movido a la hilaridad a mis abuelos. El mundo se llenó de chonis y canis, de productos chinos, Belén Esteban parecía ser el icono de la ultraposmodernidad y más que seres humanos nos asemejábamos a anuncios andantes porque había que demostrar que se estaba a la moda con los logos de rabiosa actualidad.

La gente se volvió loca. Pensó que la felicidad se compraba en las tiendas y nadie se dio cuenta de que estaba cayendo en los pecados capitales y los vicios del depretalismo, que no parecen ser tan diferentes. Los mercados que dirigían a los políticos necesitaban que consumiéramos y la gente de a pie creyó que la razón del existir era comprar, tener una casa más grande, un coche más potente, que todo lo que les rodease tuviese la apariencia de ser nuevo, poder impresionar a los vecinos y familiares con esa adquisición cuya única utilidad parecía ser precisamente esa, la del fantasmeo. Con el paso del tiempo todo se convirtió en tan natural que quien no seguía los dictados depretalistas era un paria, un apestado, un ser patológico que había que poner en tratamiento porque lo suyo no podía ser normal.

Esta situación ridícula y absurda no podía durar siempre. En España todo se fue al garete cuando pusimos en el gobierno a una pandilla de tipos bienintencionados y repletos de aparente buen rollete que no se dieron cuenta de que los mercados les estaban haciendo la cama. Con ellos quebraron los bancos, desapareció por arte de magia el superávit en las cuentas de la comunidad de vecinos y el paro volvió a convertirse en la empresa que firmaba más contratos cada día. Pero el problema no venía del gobierno inocentón de ZP, sino de la época de depretalismo encubierto de José María Aznar, quien consiguió "sanear" las cuentas de la comunidad a base de vender buena parte de nuestras empresas más rentables. Con José Mari nos acostumbramos a vivir bien, a cobrar más por el mismo trabajo, al euro y a ser un país aparentemente rico en el que, como decían los inmigrantes, parecía que regalaban el dinero. Recuerdo la acertadísima frase de Ramón de Fussimanya "la ola de neoliberalismo que nos invade" escrita en uno de sus correos, y a la que tardé años en hacer justicia, justo cuando él con su sagacidad y anticipación habituales me presentó el concepto de depretalismo.

¿Crisis? ¿Qué crisis? Estamos volviendo a nuestras raíces. Mientras los periódicos nos recuerdan que no debemos creer en el ratoncito Pérez y que tendríamos que ser más exigentes con unos políticos que hacen de su capa un sayo cuando les place, nosotros hemos ido perdiendo ese poder adquisitivo que los mercados necesitan para que la bola siga girando. Ganamos menos dinero, trabajamos más horas y acabamos de comer la fruta del árbol del bien y del mal. Nos hemos expulsado nosotros mismos de un paraíso que nunca existió más que en nuestra imaginación, hemos descubierto que estamos desnudos y que vamos a tener que volver a ganar el pan con el sudor de nuestra frente, como hicieron nuestros antepasados.

Lo malo para nosotros es que seguirá habiendo quien se gane el pan con el sudor del de enfrente.

Ramón y yo seguiremos buscando nuestra piedra filosofal, que por muy diferentes que sean los caminos que sigamos, sólo puede ser una. Hasta la próxima.

LOS PADRES DE LA CRIATURA

JUAN CARLOS VICENTE CASADO (Valladolid, 1965) es, ante todo, un buen aficionado: A escribir libros, a tocar el teclado electrónico, a montar en bicicleta, a hacer programas de ordenador y a no sé cuántas cosas más. La escritura es uno de sus temas favoritos y, aunque confiesa que no puede hacerlo todo lo que quiere por cuestiones de tiempo y de neuronas disponibles al final del día, ya es algo sin lo que le resultaría difícil seguir adelante. Ha escrito y publicado "Manipuladores cotidianos. Manual de supervivencia" y "El lado oscuro de Adán", además de alguna otra obra inconfesable y políticamente incorrecta que anda por el ciberespacio en descarga gratuita.

RAMÓN DE FUSSIMANYA (Catalán natural de Huelva, 1959) es un buscador de la piedra filosofal, no con el propósito de conseguir oro sino sabiduría. Para ello abandonó, hace ya algún tiempo, la cómoda vida que lleva a la muerte y eligió el duro camino que conduce a la vida. Enamorado de las lenguas clásicas, el latín y especialmente el griego antiguo, se dedica desde entonces al estudio, con humildad, tenacidad y trabajo paciente, de la epigrafía tartésica e ibérica, su gran pasión.

Quijote de causas perdidas lucha por ellas con la dulzura del monje y la bravura del soldado.

REFERENCIAS

* COLOM, A. (2012). "La crisis económica española: Orígenes y consecuencias. Una aproximación crítica". <En línea> Disponible en http://www.ucm.es/info/ec/jec13/Ponencias/politica%20economica%20y %20construccion%20europea/La%20crisis%20economica%20espanola.pdf <fecha de consulta 27 de enero de 2013>

* CRUZ SOTO, L. A. (2002). "Neoliberalismo y globalización económica. Algunos elementos de análisis para precisar los conceptos" <En línea> Disponible en http://www.biblioteca.org.ar/libros/91568.pdf <fecha de consulta 27 de enero de 2013>

* DIARIODEMALLORCA.ES (2008) "La mayor estafa piramidal de la historia atrapa a la aristocracia bancaria europea" [en línea] Disponible en http://www.diariodemallorca.es/economia/2008/12/16/economia-mayor-estafa-piramidal-historia-atrapa-aristocracia-bancaria-europea/419048.html <fecha de consulta 20 de enero de 2013>

* DIARIOYA.ES (2013) "Estas son las frases más célebres y mentirosas de Zapatero como presidente" [en línea]. Disponible en http://www.diarioya.es/content/estas-son-las-frases-m%C3%A1s-celebres-y-mentirosas-de-zapatero-como-presidente <fecha de consulta 20 de enero de 2013>

* DOMÍNGUEZ PASCUAL, J. L. (2008) "La crisis según Einstein" [en línea] Disponible en http://blogs.diariosur.es/CREEMOS/2008/04/22/la-crisis-segun-einstein/ <fecha de consulta 20 de enero de 2013>

* ELADELANTO.COM (2013). "Nunca el poder ha tenido la capacidad para infiltrarse en la conciencia de sus sometidos como hoy" [en línea]. Disponible en http://www.eladelanto.com/index.php?

news=36775&fb_action_ids=10200242778053908&fb_action_types=og.likes&fb_source=timeline_og&action_object_map={%2210200242778053908%22%3A386573704766171}&action_type_map={%2210200242778053908%22%3A%22og.likes%22}&action_ref_map=[] <fecha de consulta 11 de enero de 2013

- FEITO, J.L. (2008). "Causas y remedios de las crisis económicas. El debate económico Hayek-Keynes 70 años después". [En línea] Disponible en http://www.fundacionfaes.org/record_file/filename/2266/LIBRO_FEITO.pdf <fecha de consulta 27 de enero de 2013>

- KLEIN, N. (2010) "La doctrina del Shock. El auge del capitalismo del desastre". Ed Paidos.

- ORTEGA, E. y PEÑALOSA, J. (2012). "Claves de la crisis económica española y retos para crecer en la UEM". Banco de España, Madrid 2012. [En línea] Disponible   en http://www.bde.es/f/webbde/SES/Secciones/Publicaciones/PublicacionesSeriadas/DocumentosOcasionales/12/Fich/do1201.pdf <fecha de consulta 27 de enero de 2013>

- PARADOSYDESEMPLEADOS.COM (2012). "La encuesta de población activa y   paro   en   España."   [En   línea]   Disponible   en http://www.paradosydesempleados.com/encuesta-poblacion-activa-y-paro.html, fecha de consulta 18 de agosto de 2012) <fecha de consulta 18 de agosto de 2012)

- TORRERO MAÑAS, A. (2008). "La crisis de la economía española". <En línea> Disponible en http://www.iaes.es/publicaciones/DTorrero/DT_09_08_esp.pdf <fecha de consulta 27 de enero de 2013>

www.ingramcontent.com/pod-product-compliance
Lightning Source LLC
Chambersburg PA
CBHW022107170526
45157CB00004B/1528